気になる幼児の
保育と遊び
・生活づくり

小川英彦・広瀬信雄・新井英靖・高橋浩平・湯浅恭正・吉田茂孝 編

黎明書房

はじめに

　障害児保育とは，就学前の障害のある乳幼児のための保育のことをさす。障害のある乳幼児を受け入れて行う保育であって，一人ひとりに必要な支援が行われる保育であって，障害のない乳幼児と障害のある乳幼児がともに育ち合う保育でもある。

　このとらえ方は，本書でも指摘されるように保育所保育指針や幼稚園教育要領の中では今日的に理解されている。しかしながら，障害児保育の歩みをふりかえると，このような理解がなされるまでには紆余曲折があったと言える。たとえば，この保育に先駆的・開拓的努力をした三木安正らが実践・研究をした戦前では，こうした子どもは「異常児」と称され，全くと言っていいほど保育の対象にはされなかった。さらに，精神薄弱児通園施設（現在の知的障害児通園施設）が新設された1957年には「満6歳以上」という入所制限があった。

　こうした難局を乗り越え，制度的に大きな転換期となったのは，1974年に厚生省（現在の厚生労働省）が定めた「障害児保育事業実施要綱」であった。そして，文部科学省からは，「特別支援教育」は2007年よりスタートすることとし，幼・小・中・高といったライフステージにわたって支援することの重要性が言われるようになった。このこととあいまって，幼児期から学齢期への移行，幼保小の連携が力説されるようになった。

　以上のような制度上の変遷とともに，障害のある乳幼児に合わせた保育教育の内容や方法の追求が保育所，幼稚園，通園施設，特別支援学校幼稚部などでは行われてきている。

　一例として，①クラスの中でみんなとともに活動できるような日課と行事をどう工夫していくか，②ことば・認識の基礎である表象言語としてのみたて・つもりをどう豊かにするか，③集団指導とともに個別指導をいかに組み合わせるかである。

　それに加えて，昨今では「気になる子ども」と称される子どもが保育所や幼稚園でけっこう目につく時代となってきており，その支援の方法を明らかにしようとしている。

　園にはすでに障害が診断されている子，グレーゾーン（境界線）の子，病弱の子，情緒不安の強い子，母子家庭・父子家庭の子，外国籍の子，貧しい環境にいる子，虐待を受けている子などさまざまな特別なニーズのある子どもたちがいる。園の先生たちはこうした眼前の気になる子どもの対応に日々追われている。

　障害児保育は冒頭に述べたように，「一人ひとり」の発達課題にきめ細かく取り組む保育と，「みんないっしょ」の育ち合いの保育とをつなぐ保育と言えるのではなかろうか。そして，これからの保育の形態として大いに期待されるのがインクルージョン保育（本書18頁参照）である。それは，すべての子どものためにという着眼であって，簡潔に言うと，万人のための園・学校にしていくという新しい発想に立った考えである。

以上の動向からして，障害のある乳幼児の保育はこれまで以上に重要性が増している。そこで，本書では幼児期に焦点化して述べることにした。下の②にある他2冊の姉妹本とあわせて，私たちはこれら3冊のコンセプトとして次のように考えている。
　①　軽度の子どもを想定し，通常の学級（園，学校）や特別支援学級（学校）にいる発達障害児の学級づくり・授業づくりに必要な理論と実践を紹介する。
　②　新学習指導要領の改訂をふまえて『気になる幼児の保育と遊び・生活づくり』『自閉症児のコミュニケーション形成と授業づくり・学級づくり』『発達障害児のキャリア形成と授業づくり・学級づくり』とする。
　③　保育士，幼稚園教諭，小・中・高等学校教諭，あるいは特別支援学級の担当経験が比較的浅い先生を対象とする。
　④　3冊を通して幼・小・中・高について論じながら，ライフステージに応じた特別支援教育の展開の重要性を指摘する。
　3冊ともに，理論編，実践編，トピックスから構成されているが，本書については，理論編として，2008年3月に同時に告示された保育所保育指針と幼稚園教育要領をもとに今後の障害のある乳幼児の支援の方向性を示した。
　次に，保育界では今日までに「子育て支援」が強く叫ばれてきたが，子どもの発達を促す保育論，子どもを取り巻くところの家庭・地域論を展開した。
　さらに，実践編とトピックスとして，障害児保育の目標に関するもの，障害児保育内容の基本領域に関するもの，幼保小の連携などを紹介した。
　今，障害児保育の位置づけと役割について考えると，乳幼児期はまさしくライフステージの出発点である以上，「発達の礎を築く」と言っても過言ではなかろう。そして，この時期での育ちは次の学齢期・青年期の教育へスムーズに移行されていく必要がある。この移行に力を注ぎ支援していこうとするのも昨今の特徴の1つであり，そのことは地域で子どもたちの発達を支える活動を展開する可能性を大いに秘めている。これこそ地域の保育力・教育力の復活にもなるので期待したい。
　本書は，障害児の心理・治療面から記述したものではなく，あくまでも保育教育面から書かれたものである。それは，私たちがこれからの保育教育の内容や方法論が発展していくことを願うからである。かつて私たちは黎明書房から『特別支援教育キャリアアップシリーズ（全3巻）』を刊行した。これは題名のごとく，若手・中堅・ベテランの先生を念頭に置いての教授学からの提起であった。本書は，これの発展編になると思われる。
　この本を手に取られた方々に，理論編，実践編，トピックスから適宜活用していただき，明日の子どもたちの実践に生かしてもらえたら幸いである。

　　　　　　　　　　　　　　　　　　　　　　　　　　　　　編者を代表して
　　　　　　　　　　　　　　　　　　　　　　　　　　　　　小　川　英　彦

目　次

はじめに　1

・・・・・・・・・・・・・・・・・・・・・ 理 論 編 ・・・・・・・・・・・・・・・・・・・・・

第1章　保育所保育指針・幼稚園教育要領と気になる幼児の保育論　8

1　幼児期・障害児保育の重要性　8
2　特別支援教育の理念　8
3　保育所保育指針・幼稚園教育要領の改訂　9
4　今後の気になる幼児の保育論　12
5　おわりに　15

第2章　気になる幼児の発達を促す保育方法論　17

1　子ども・保育のとらえ方と気になる子　17
2　子どもたちに育てたいもの　19
3　安心感をもって過ごす　20
4　子どもたちの主体的で楽しい活動の重視　22
5　集団の中での共感・認め合い　23

第3章　気になる幼児の発達を支える家族，地域支援　27
　　　　―保護者の苦労に寄り添って―

1　障害児の入園―育ち合うために―　27
2　親の会　32
3　心のバリアフリー　34
4　まとめ　35

······················· 実 践 編 ·······················

第4章 基本的生活習慣づくりをしよう 38

  1 基本的生活習慣について 38
  2 指導の実際 38
  3 効果的に実践する原則 45

第5章 音楽遊びをしよう 47

  1 幼児期の音楽表現 47
  2 特別支援学校幼稚部での「音楽・リズム遊び」 48
  3 音楽表現を育む遊び―実践の紹介― 49
  4 幼児の「生活づくり」を支える音楽遊び 55

第6章 造形遊びをしよう 57

  1 表現する 57
  2 興味をもたせる単元設定の工夫 57
  3 わかりやすく取り組みやすい教材・教具の工夫 60
  4 子どもが主体的に行動できる環境設定の工夫 61
  5 指導者間の連携の工夫 63
  6 おわりに 64

第7章 からだづくりをしよう 69

  1 はじめに 69
  2 からだづくりの指導 70
  3 実践事例 70
  4 おわりに 80

コラム 保護者に寄り添う支援とは 82

トピックス

第8章 気になる幼児のルールの理解とクラスづくり 84

    1　ことばで創る心地よい居場所　84
    2　からだで創る心地よい居場所　87
    3　まとめ　90

第9章 幼保小連携の取り組み ―個別の支援計画と就学保障― 92

    1　個別の支援計画　92
    2　幼保小連携の重要性　93
    3　「幼保小が連携する」とは　95
    4　連携に向けた具体的な方策　97
    5　就学に向けての取り組み　100

おわりに　102

理論編

第1章

保育所保育指針・幼稚園教育要領と気になる幼児の保育論

1　幼児期・障害児保育の重要性

「幼児期は人間の発達の礎を築く」時期であることは障害があろうとなかろうとすべての人間に共通して言えることである。これは，普遍的な真理である。一方，障害があるならなおさら「特別なニーズに応じた保育が展開される必要がある」。これは，特殊的な真理である。これらの普遍性と特殊性をもちあわせているのが障害児保育である。

近年，障害のある幼児が保育所や幼稚園に通い，障害のない幼児たちと一緒に生活する統合保育（インテグレーション）が増えてきている。2008年度に出された厚生労働省の「障害児支援の見直しに関する検討会」報告書の中でも，障害児支援のあり方として，「将来的な在るべき姿として，障害の有無にかかわらず，保育所等において一体的に支援を行うことを目指していくべきという意見」が述べられており，今後の障害幼児を含めた保育の形態は，統合保育あるいはその一歩先の考えであるインクルージョン保育が浸透していくものと思われる。ただ，分離保育（セグリゲーション）の形態にも子どもの実態に応じたという長所が当然あることを，ここではふまえておきたい。

厚生省（現在の厚生労働省）から「障害児保育事業実施要綱」が出され，障害児保育の制度化がなされたのが1974年である。今日までの実践の積み重ねの中で，たとえば，早期発見・早期療育の必要性，園での保育集団の有効性，幼保小の連携などが発達に寄与している実情が確かめられつつある。ここでは，幼児期に相応する支援の重要性が指摘されているのである。そして，今日的には，2007年4月からスタートした特別支援教育の理念で，それまでの特殊教育に代わって幼児期の位置づけがクローズアップされたのが大きな特徴の1つであると言っても過言ではなかろう。

2　特別支援教育の理念

文部科学省が2002年2月から3月にかけて実施した全国実態調査では，小・中学校の通常学級に在籍している児童のうち，LD，ADHD，高機能自閉症などの発達障害により学習や生活の面で特別な教育的支援を必要としている者が約6.3％いることが明らかにされた。一見すると他の子どもと変わらないのに集団生活になじめない，友だちとの人間関係がうまくつ

くれない，落ち着きがない，不器用である，こだわりがあるなど，障害の程度は軽いとされるものの，指導する側から見ると気になる行動を抱えている子どもたちである。これは，幼児教育界ではたとえば『季刊保育問題研究 168号』（1997年）が特集を組んだ例のように，1990年後半より「気になる子ども」と称されてきた子どもたちである。

さらに，軽度発達障害とは診断されてはいないものの，集団生活の中で困難性を示すグレーゾーンの子ども（境界線児）も保育所や幼稚園では見かけられる。グレーゾーンの子どもとは，特に，幼児期においてはそもそも発達が未分化な時期ゆえに，果たして障害があるのか否か判断が難しかったりする子どもたちのことである。今日的には，試行的に地域によっては5歳児健診が実施されるようになってきていることもこのことを物語っている。

こうした子どもたちへの支援の重要性が叫ばれるようになり特別支援教育が開始されたのであるが，文部科学省の特別支援教育支援体制整備状況調査を見ると個別の指導計画や個別の教育支援計画の作成，コーディネーターの指名が幼稚園では小・中学校に比べ進んでいないことが指摘できる。

まだまだ多くの課題が山積しているものの理念上の特徴として，1つ目に教育の対象を拡大し，すべての園・学校で実施すること，2つ目に幼児児童生徒の自立や社会参加に向けた取り組みを支援すること，換言すれば，幼・小・中・高といったライフステージにわたっての支援であること，3つ目に共生社会を目指すことがあげられる。生涯で初めての集団生活を経験する幼児期に困難性を示す子どもたちに対して，一人ひとりの教育的ニーズに応じた対応が推進されなければならない。

3 保育所保育指針・幼稚園教育要領の改訂

(1) 障害幼児に関する記載の移り変わり（第1期・第2期・第3期の特徴点）

保育所保育指針は1965年，1990年，1999年において，一方，幼稚園教育要領は1964年，1989年，1999年において，両者はほぼ同時期に改訂されており現行の2008年告示にいたるまで第1期から第4期にかけての変遷がある。

第1期は，障害児の取り上げ方についてである。「問題のある子ども」「虚弱児」（保育指針），「問題のある幼児」「身体の虚弱な幼児」（教育要領）となっていて，障害に関しての理解がかなり幅広くなっている。

第2期は，統合保育・保護者についてである。保育指針では「障害児」という用語が使われ，「他の子どもとの生活を通して，両者がともに健全な発達が図られるように努めること」と記されるようになる。さらに，「保護者に対して，障害に関する正しい認識ができるように指導する」といった家庭との連携が加わる。また，教育要領でも，「家庭及び専門機関との連

携」「集団の中で生活することを通して全体的な発達を促す」と変化してくる。

　第3期は，発達・障害についてである。保育指針では「発達や障害の状態を把握し指導計画の中に位置づけ」一人ひとりに応じた保育の必要性，「主治医」「通園施設」の地域の機関との連携が述べられる。また，教育要領では，前改訂と同様に「障害の種類，程度」に応じることとしたものの，他の障害児諸学校との「交流の機会」が新たに設けられている。

(2) 現行の障害幼児に関する記載（第3期と第4期の共通点・相違点）

① 保育所保育指針において

　第3期での「第11章　保育の計画作成上の留意事項」の中の「9　障害のある子どもの保育」の指摘が，現行の第4期になると「第4章　保育の計画及び評価」の中の「1　保育の計画　(3)指導計画の作成上，特に留意すべき事項」の「ウ　障害のある子どもの保育」に移っている。また，第3期での「第13章　保育所における子育て支援及び職員の研修など」の中の「1　入所児童の多様な保育ニーズへの対応　(1)障害のある子どもの保育」の指摘が，現行の第4期になると，「第6章　保護者に対する支援」の中の「2　保育所に入所している子どもの保護者に対する支援」に移っている。その第4期の記述を引用すると以下のようである。

第4章　保育の計画及び評価
　1　保育の計画
　　(3)　指導計画の作成上，特に留意すべき事項
　　　ウ　障害のある子どもの保育
　　　　(ア)　障害のある子どもの保育については，一人一人の子どもの発達過程や障害の状態を把握し，適切な環境の下で，障害のある子どもが他の子どもとの生活を通して共に成長できるよう，指導計画の中に位置付けること，また，子どもの状況に応じた保育を実施する観点から，家庭や関係機関と連携した支援のための計画を個別に作成するなど適切な対応を図ること。
　　　　(イ)　保育の展開に当たっては，その子どもの発達状況や日々の状態によっては，指導計画にとらわれず，柔軟に保育したり，職員の連携体制の中で個別の関わりが十分行えるようにすること。
　　　　(ウ)　家庭との連携を密にし，保護者との相互理解を図りながら，適切に対応すること。
　　　　(エ)　専門機関との連携を図り，必要に応じて助言等を得ること。

第6章　保護者に対する支援

> 2　保育所に入所している子どもの保護者に対する支援
> 　(4)　子どもに障害や発達上の課題が見られる場合には，市町村や関係機関と連携及び協力を図りつつ，保護者に対する個別の支援を行うよう努めること。
>
> 　　　　　　　　　　　　　　　　　　　　　　　　　　（下線は筆者）

②　幼稚園教育要領において

第3期での「第3章　指導計画作成上の留意事項」の中の「2　特に留意する事項」の指摘が，現行の第4期になると，「第3章　指導計画及び教育課程に係る教育時間の終了後等に行う教育活動などの留意事項」の中の「2　特に留意する事項」に移っている。その第4期の記述を引用すると以下のようである。

> 第3章　指導計画及び教育課程に係る教育時間の終了後等に行う教育活動などの留意事項
> 　2　特に留意する事項
> 　(2)　障害のある幼児の指導に当たっては，集団の中で生活することを通して全体的な発達を促していくことに配慮し，特別支援学校などの助言又は援助を活用しつつ，例えば指導についての計画又は家庭や医療，福祉などの業務を行う関係機関と連携した支援のための計画を個別に作成することなどにより，個々の幼児の障害の状態などに応じた指導内容や指導方法の工夫を計画的，組織的に行うこと。
> 　(3)　幼児の社会性や豊かな人間性をはぐくむため，地域や幼稚園の実態等により，特別支援学校などの障害のある幼児との活動を共にする機会を積極的に設けるよう配慮すること。
>
> 　　　　　　　　　　　　　　　　　　　　　　　　　　（下線は筆者）

　以上，現行の保育指針と教育要領を比較してみると，いくつかの共通する事項が記述されている。㋐障害の状態，㋑一人一人の・個々の，㋒計画を個別に作成する，㋓指導計画を柔軟に・指導内容や指導方法の工夫，㋔他の子どもとの生活を通して共に・集団の中で生活する，㋕職員の連携体制の中・組織的，㋖家庭や関係機関との連携である。
　一方，第3期と比較すると，保育指針では，交流機会を設けること，障害児通園施設への通所についての考慮，障害の種類や程度という記述が今回の改訂ではなくなっている。
　また，教育要領でも障害の種類や程度という記述が消失している。

4　今後の気になる幼児の保育論

　保育指針がこれまでの通知から告示へとなり，教育要領の告示では2007年スタートした特別支援教育に伴う法制度の整備の影響で特別支援教育に関わる部分が大幅に改訂された。ここでは，こうした遵守の義務が生じてきた，前記の㋐〜㋖をふまえつつ，これからの障害児保育の方向性についての要点をまとめてみる。

(1) 子どもの実態把握

　これまでの保育指針と教育要領には「障害の種類と程度」という表現がなされていたが，今回の告示では「障害の状態」という表現に大きく変化したと読み取れる。すなわち，これまでの特殊教育において強くおさえられてきた「種類」と「程度」という理解では，明らかに幼児期に障害の診断を受けた子どもが対象となる。しかしながら，「状態」と記述することで，もっと広く特別な対象とすることができ，今日の園で見かける子どもの実態を把握するのにふさわしいと考える。幼児期では明確に障害の診断がなされる子もいれば，障害がわかりにくく，明確に障害の診断がなされない子もおり，その後の学齢期に診断されることが多いのが実情である。

　また，保育指針では乳児期から幼児期までを8つの発達過程で分けているが，ここからは子どもがたどる発達の道筋を読み取れる。換言すれば，発達をプロセスとしてとらえ，子どもの環境への主体的な関わりを重視することがうかがえる。

　ただ，保育指針と教育要領には「ニーズ」という表現が盛り込まれていない点で今後の進展に期待したい。特別支援教育で「一人一人の教育的ニーズに応じる」という理念を打ち出している以上，対象を障害児に限定しない，特別な支援を必要とする子どもたちが特別な支援を適切に受けられる，特別なニーズ（保育）教育を確立することがポイントである。個々の状態から発生しているニーズに適合した優れた保育教育の内容と方法による，子どもの最善の利益になる対応が求められよう。

(2) 個別の計画

　2つの告示を見ると，地域の関係機関との連携による支援を打ち出し，「個別の（教育）支援計画」をしていくことを求めている。「個別の支援計画」は，生涯にわたり，教育，医療，保健，福祉，労働などの関係機関が連携して一貫した支援をするために作成する計画のことである。この「個別の支援計画」を，幼稚園，学校，教育委員会といった教育機関が中心になって作成する場合においては「個別の教育支援計画」となる。

　さらに，特別支援教育が主張される中で，「個別の指導計画」を行う園や学校が出てきてい

る。個別の指導計画とは，一人ひとりに則して，指導の目標，活動や内容の方法及び対応の方法が示されている実践上の計画，あるいは個に応じた指導のため個々に立てられたある期間の教育計画である。

　目標にあたっては，前担任や保護者はもちろん，園での子どもの実態を総合的に収集して設定することになる。そのとき，長期的な観点に立った指導目標と当面の具体的課題としての短期目標を掲げることになるが，この個人別の目標が指導案の中で明示されたり，単元や本時の目標という記載欄で整理されたりしていくことが欠かせないと思われる。

　つまり，大切なのは，個別の指導計画が実際の取り組みの中で活用されることである。すなわち，個別の指導計画をクラスの指導計画と関連づけ，集団の場での個別的な対応を可能にする工夫が必要なのである。

　ちなみに，文部科学省が実施した2008年度特別支援教育体制整備状況調査によると，個別の指導計画の実施については，国立幼稚園30.8％，公立幼稚園42.9％，私立幼稚園28.8％となっている。

　個別の教育支援計画については，国立幼稚園16.3％，公立幼稚園28.8％，私立幼稚園15.9％となっていて，個別の指導計画よりも低い結果が示されており個別の計画への今後の対応が待たれる。

　個々のニーズ，発達に応じた支援を計画的に実施して，発達の連続性を意識した支援について送る側も受け取る側も共通認識をもつことが重要と言えるのではなかろうか。

(3) 集団の保障

　園は子どもと先生の組織体であって，その意味で集団を前提としている。集団というのは一定のねらいのもとにそのことの実現を目指していく組織である。そのとき，一人ひとりの子どもたちが主人公となって活動できる集団の編成が求められる。

　特別支援教育が進むにつれ，これまで述べてきたように個別の計画が強調されることにもなっている。しかし，ここでは個別指導と集団指導が決して対峙するものではないことを知り，個々の実態を配慮した上で一緒に遊ぶことの楽しさを積み重ねることで集団づくりをしていくことが必要である。

　障害の有無にかかわらずすべての子どもたちにとって集団と発達はどのような意味をもつものであろうか。保育指針が発達の過程を掲げたように，子どもが環境（外界）に働きかけ，それを変えることで，自らの発達を獲得（次の発達ステップへの高次化）する際に，集団の存在に大きな意味がある。

　一例として，園では子どもは集団の中にいるから，より言語が交流の手段として必要とされ，自分の気持ちや要求を表して新しい言語を表出して身につけていく姿が見かけられる。

　障害児保育実践の蓄積の中で，基礎集団の大切さが言われてきた。その中で安心して落ち

着いて生活できる，自分自身をしっかりと出せる集団が基礎集団になると考えられる。一般的には生活年齢を同じくするクラスが基礎集団であるが，ねらいによっては精神年齢を同じくするクラスで保育することが考えられる。

　保育の形態を固定的にとらえるのではなく，園の職員数（加配も含めて），教室数という園全体での可能な条件，互いの職員の共通理解のもとで，できるだけ複数の集団を編成することがポイントとなってくる。これが保育指針と教育要領でうたわれている組織的に実施される指導の柔軟性あるいは工夫に相当するのである。

　また，子どもによっては，集団に参加していく前段階として，先生との1対1の関係づくりを要する場合や，距離はあるものの遠巻きに集団を意識している場合から，力関係の似ている子やお世話好きな子との仲間づくりをして，段々と多くの子どもたちとのつながりをもてるようにしていくのも1つの方法だと思われる。

　障害児保育をさらに中身あるものにしていくためには，集団の教育力が発揮されることに期待したい。集団の雰囲気の高まり，集団は全体の盛り上がりが起こることで一人ひとりの意欲ややる気を呼び起こし，主体的・能動的に活動する姿をこそ見たいものである。

(4) 幼保小の連携

　保育指針においては保育を養護と教育の一体化したものとして定義し，保育所と学校を一貫させ，結ぶための保育の見直しが主張されているのが大きな特徴である。一方，教育要領については幼稚園と小学校における発達や学びの連続性，幼小の連携を充実させることが主な改訂である。ここでは要録の役割を取り上げその連携ついて考えることとする。

　今日の保育指針では，保育所に通っている子どもたちの就学に際し，市町村の支援のもとに，子どもたちの育ちを支える資料として「保育所児童保育要録」を園から就学先の小学校へ送付することが新たに義務付けられた。そこでは，当該児が卒業するまでの6年間は原本を保育所に保管するように定められている。記入項目として，㋐子どもの育ちに関わる事項，㋑養護（生命の保持及び情緒の安定）に関わる事項，㋒子どもの健康状態等，㋓教育（発達援助）に関する事項─健康・人間関係・環境・言葉・表現─となっている。

　教育要領では，「幼稚園幼児指導要録」は，どの幼稚園にも備えておくことが定められている公簿の1つで，学校教育法施行規則で法的に義務付けられている。20年間保存の学籍に関する記録と5年間保存の指導に関する記録がある。ここでは1年間の指導の過程とその結果を要約し，幼稚園から抄本または写しを小学校へ送付することになっている。記入項目として，㋐指導の重点等（学年の重点・個人の重点），㋑指導上参考となる事項，㋒発達の状況─健康・人間関係・環境・言葉・表現─となっている。

　前者に関しては，教育（発達援助）に関する事項を通して保育課程が，後者に関しては，指導に関する記録を通して教育課程が一人ひとりの子どもの発達に反映されていたかどうか

を具体的に理解することもでき，小学校でも継続して子どもの育ちを支援していくこととなり，その役割こそ十分に発揮されることが求められる。

両者の記入項目を見るとその類似点に気づかされるが，これは受け取る側の小学校に配慮したものと思われる。一人ひとりの子どもたちの移行をスムーズにし発達を保障するために，両者をともに送付する意味を保育所，幼稚園と小学校の関係者が協働して理解していく姿勢が強く求められる。

なお，第9章において幼保小の連携を詳しく取り上げることとする。

(5) 地域の連携

今回の特別支援教育の構想では，特別支援学校が努力義務として「地域の特別支援教育のセンター的役割」をもつとされている。この役割とは，特別支援学校が地域の園・小・中・高等学校などの教育機関だけでなく，保育所，通園施設の福祉機関，医療機関，労働機関などと連携・協力して，園や学校にいる障害児はもとより地域の障害者のための支援に貢献することである。そこには保護者からの相談の窓口になるということが含まれる。この役割を今後充実させるためのキーパーソンがコーディネーターであると言っても過言ではない。個別の支援計画を推進するためにその活躍こそが待たれる。

今日，特別支援学校の立地をめぐってはけっこう地域の事情によって異なっているが，特別支援教育を推進するには，特別支援学校が障害児の居住に近接したものになる必要がある。地域で支える，地域密着型でという面を出す以上は，その地域の広さを検討していくといった課題が残されていると思われる。まさしく「開かれた学校づくり」が唱導されていると理解できるからである。

5 おわりに

保育指針と教育要領を比較して大いに考えさせられることは，特別支援教育との関連づけの相違である。すなわち，文部科学省側が学校教育法改訂で法制化された特別支援教育の体制づくりを厚生労働省側の保育所においても求めていくことが急務になっているのではないかという点である。わが国においては，この行政のタテ割が伝統的なものとしてなされてきた経緯があるが，第4期の保育指針と教育要領の記述には共通した事項もいくつか確認できた。こうしたベースとなる要点を大切にし，今後すべての子どもたちの発達がより促されるよう，制度，内容・方法の改善がさらに期待される。

【参考文献】

- 厚生労働省（2008）『保育所保育指針』フレーベル館
- 文部科学省（2008）『幼稚園教育要領』フレーベル館
- ミネルヴァ書房編集部編（2008）『保育所保育指針　幼稚園教育要領〔解説とポイント〕』ミネルヴァ書房
- 無藤隆（2010）「新保育所保育指針の公示」日本発達障害福祉連盟編『発達障害白書2010年版』日本文化科学社，pp.53-54
- 宮田広善（2010）「『障害児支援の見直しに関する検討会』報告書について」日本発達障害福祉連盟編『発達障害白書2010年版』日本文化科学社，pp.55-56
- 柴崎正行監修／編著（2009）『保育所児童保育要録＆幼稚園幼児指導要録　記入ガイド』ひかりのくに
- 國本真吾（2008）「『幼稚園教育要領』『保育所保育指針』の改訂にみる今後の特別支援教育・障害児保育の在り方」『鳥取短期大学研究紀要』第58号，pp.7-19
- 相澤雅文・清水貞夫・三浦光哉編著（2007）『必携　特別支援教育コーディネーター』クリエイツかもがわ
- 児玉れい子（2010）「軽度発達障害幼児への個別支援の必要性」愛知教育大学大学院学校教育専攻幼児教育領域修士論文
- 伊藤嘉子・小川英彦編著（2007）『障害児をはぐくむ楽しい保育』黎明書房
- 小川英彦・新井英靖・高橋浩平・広瀬信雄・湯浅恭正編著（2007）『特別支援教育の授業を組み立てよう』黎明書房
- 小川英彦（2007）「障害のある子どもの保育の考え方」伊藤健次編『新・障害のある子どもの保育』みらい，pp.11-31
- 小川英彦編著（2009）『幼児期・学齢期に発達障害のある子どもを支援する―豊かな保育と教育の創造をめざして―』ミネルヴァ書房

気になる幼児の発達を促す保育方法論

1 子ども・保育のとらえ方と気になる子

(1) 子どもの内面を読み取る

「気になる子」とは，どのような子だろうか。気になる幼児の行動面における特徴は，次のようなものがあげられる。

① 衝動的・暴力的——気に入らないことがあると，突発的に物を投げたり，パニックを起こしたり，泣きわめく。乱暴ですぐに手が出る。
② 多動・集中困難で落ち着きがない——じっとしていることができず動き回る。すぐに気が散り，保育者の話や指示を聞くことができず，活動に長い間従事することが困難。
③ 固執・切り替えが難しい——ある活動や行為に固執しそれをずっと行う。活動の切り替えができにくい。生活の節目に気づかず，声かけだけで行動できない。
④ 友だちとの関わりが難しい——遊びにスムーズに入れない。自分の思いを相手に伝えることができない。イメージを共有しにくい。集団の活動に参加しない。
⑤ 指示の通りにくさ・指示待ち——生活習慣（着脱衣等）や活動（制作等）に関して，保育者が個別に促さないと取り組まない。

このような子どもたちの中には，ADHDや高機能広汎性発達障害などの発達障害を抱えている可能性がある場合もあるだろうし，家族関係や家庭での生活の影響が考えられる場合や，聴力の弱さなど身体的な問題がある場合もあるだろう。上にあげた特徴は，主に子どもの行動面からとらえたものであるが，その背後にある原因・要因を探っていくとともに，どうしてそのような行動をとるのか，何を思っているのか，その子どもの内面を読み取ろうとする姿勢が求められる。

たとえば，ルールを守らず自分勝手だと思われていた子どもが，記憶や理解に弱さがあり，指示されたことやルールを覚えていられないために，適切な行動がとれず，本人も困っている場合もある。また，何度言っても，身支度を自分でせずに，途中で遊びに行ってしまったり，着替えずにいたりする子どもを，担任以外の複数の目でよく見ていると，担任に関わってほしいのでわざと身支度をしないのだということがわかってくることもある。

しかし，必要以上に保育者が気にしている場合もある。年齢別の発達課題を領域ごとにあ

げ，それができているかどうかをチェックし，できていなければ問題と考えたり，保育者の指示に従わない子ども，保育者の思い描いている子ども像と合わない子どもを，一方的に気になる子として，問題視したりするようなことがないようにしたい。

本章では，「気になる子」を以上のようにとらえ，そのような乳幼児の発達を促す保育の理念・目標・方法について考えてみたい。

(2) インクルージョン保育と保育の見直し

気になる子どもの保育を考える上では，インクルージョン保育の理念や方法が重要になってくる。インクルージョン保育とは，多様な特性や特別なニーズをもった子どもたちを尊重し，個々の子どもたちの発達を保障するためにそれらの特別なニーズに対応し，特別な保育課程，教材・教具，保育方法，施設・設備，人的配置等を充実させ，子どもたちが育ち合えるような保育をつくりあげていくことを言う。

近年，障害児をめぐる教育・保育においては，「障害児・者の日常の生活様式や条件を健常児・者のそれに近づけ，ともに同じ生活が営めるようにする」ノーマライゼーションの考え方，それに基づく統合保育・交流保育に替わって，特別ニーズ教育やインクルージョンの理念が注目されるようになってきている。「特別なニーズ教育に関する世界会議」(1994年，ユネスコ・スペイン政府共催) において採択された「サラマンカ声明」では，すべての子どもの関心や特性やニーズを的確にとらえ，それらに応じた柔軟な教育方法，カリキュラム，体制を探究していくことが求められている。

障害児と健常児の分離が前提になるのではなく，障害の有無にかかわりなく，多様なニーズをもった子どもを包み込む形での教育・保育，一般教育制度の中で特別な教育的ニーズに応じて必要な支援を受けることが重視されている。

インクルージョン教育・保育は，そのような考えに基づく教育・保育であり，障害を理由とする社会からの排除を是正し，クラスから特別なニーズをもつ子どもを排除しない教育・保育である。そこでは，気になる子どもだけではなく，気になる子とその周りの子どもたちの関わり方，集団関係が問い直されなければならない。

このように保育をとらえると，保育者は自分の保育や環境がその子どもにとって生活しにくいものとなっていないか振り返り，気になる子を一方的になんとか変えようとするのではなく，保育を見直し変えていくという発想が必要である。

たとえば，給食の時間，子どもたちが手を洗って，給食が部屋に届くのをいすに座ってじっと待っている場面で，「落ち着きのない」子は，席を立って保育室から出て行ってしまった。その子が問題だと見るのではなく，他の子どもたちにとっても待ち時間が長すぎたのではないか，どうやって待っていればよかったか，保育の方法を見直すことも必要である。こうした子どもはこれまでの保育では，「じっとしていられない困った子」というようにとらえられ，

保育者が一方的に，出て行かないように言ったり，あるいは出て行っても放っておかれたりしたかもしれない。しかし，こうした子どもの保育をニーズ論からとらえ直すと実践が変わってくる。その子は，友だちとのコミュニケーションがうまくできず，何もすることがなく座っているのは苦手だが，絵本や歌は好きで集中して見たり歌ったりすることができる。そこで，絵本を見ながら待っていてもよいことにしたり，みんなで音楽を聴いたり歌ったりしながら待ったり，あるいは給食が部屋に到着してから手を洗いに行くようにするなど，保育の内容や流れを見直した実践の展開が考えられるだろう。このような実践によって，子どもたちが楽しく関わり合い，その子だけでなくクラスの他の子どもたちにとっても，過ごしやすいものとなるのである。

2　子どもたちに育てたいもの

(1) 自尊感情

　気になる子に対しては，気になる行為がなくなるように，できていないことができるようになるようにしようと，保育者は考えがちである。幼稚園教育要領・保育所保育指針でも，日々の保育記録や実践の振り返り・まとめ等が重視されているが，それらは子どもが何ができていないかをチェックするためのものではなく，子どもの願いを読み取り，必要な指導・援助を検討するためのものである。個々の行為への対応だけに目を奪われるのではなく，子ども理解に基づいて，どのような子どもたちに育てたいのか，何を大切にするのか，保育目標を考えて保育をする必要がある。

　いろいろな技能が身に付き，できるようになることも必要ではあるが，今の子どもたちの育ちにとって大事なものの1つに，自尊感情がある。「自尊感情（self-esteem）」は，何かができなくても自分には価値があると思え，弱さをもった自分をも肯定できるという「自己肯定感」と，何かができて自分は有能であると感じる「自信」の2要素からとらえられる。

　現代社会においては，子どもたちは競争社会の影響を受け，他人と比べて自分のできなさを必要以上に意識したり，できて当たり前，なぜできないのかという視線にさらされ，自尊感情すなわち自信や自己肯定感が育ちにくくなっている。特に，発達障害の疑いのあるような子どもは，注意されることや友だちから批判されることが多く，自己肯定感が低くなりがちであると言われている。国連子どもの権利委員会（「一般的意見」第1号，2001年）でも，教育の目標として，人間としての尊厳，自尊感情，自信を発達させることによって子どもをエンパワーすることが重視されており，このような視点をもつ必要があるだろう。

　幼児の発達段階を見てみると，4歳半頃から「○○だけれども～する」という自己コントロール・自制心が育ってくるとともに他者からの評価に敏感になってくる。そして，5歳後

半頃になると，それまでの二分的評価の認識から，「中間」の認識ができるようになり，自分や友だちの成長の変化を多面的，多角的に把握することができるようになっていく。自他の弱い面もわかった上で，よい面も理解し多面的評価ができるようになり，このような発達が自尊感情に結びついていくと思われる。

しかし，特に広汎性発達障害の場合，二元論的思考から抜け出しにくく，「できたか，できなかったか」という対比的な思考パターンが，こだわりや「一番病」という形をとって現れると考えられる。このような認識的特徴をふまえて，でき方の多様性に気づかせていくような保育が重要である。

(2) 自尊感情が育つための人間関係

自尊感情を育てるために人間関係上大事なことは，①安心感，②友だちへの関心，③共感，④認め合い，⑤有用感（自分が必要とされていると感じること）である。子どもは，不安なとき，疲れているとき，困ったとき，甘えたいとき，嬉しかったとき，それを受けとめて共感してもらえることによって，自分が大切にされていることを感じる。

保育者や友だちに自分の思いを受け止められると，友だちに関心が向くようになり，安心して自分を表現できるようになる。そして，自分のしたことがみんなに認められると，そのことが自信や自己肯定感になっていく。自信や自己肯定感があるから相手を受け入れ，共感し認めるゆとりができる。そして，困ったときには相手を信頼して「助けて」と言えるようになると考えられる。

何に困っているか表現でき，助けを求める力が就学までに育っていくことが重要である。また，お互いに差異・異質なものも理解し，共感し，相手の立場に立って行動できる柔軟性が求められる。

3　安心感をもって過ごす

自尊感情の土台としては，安心感が必要である。落ち着きがなく，うろうろしていたり，友だちに手を出してしまったりする行為も，実はどうしていいかわからない不安感からくる場合がある。しかし，そのような子どもも，自分をまるごと受け止めてもらえると，その安心感から自己肯定感が育っていくと考えられる。子どもたちの不安にはどのようなものがあるだろうか。そして，より安心できるためには，どのような働きかけ・配慮が必要か考えてみたい。

(1) 見通しがもてない・わからない不安

長時間保育の中で，混合保育の部屋，食事の部屋，午睡の部屋，延長保育の部屋などと，

活動場所が変わり部屋の移動が多くなったり，担当の保育者が変わったり，活動が細切れになったりすると，落ち着かなくなる子どももいる。帰りの支度をするのに動線が複雑になっているために，途中で気が散ってしまい遊び始めてしまう場合もある。

次はどこに行けばよいのか，どこでどのような遊びをすればよいのか，空間的・時間的見通しがもてず，不安感を抱いているとも言える。

「○○するからお部屋に入ろう」「〜して○○しよう」など，わかりやすい目標をもたせる必要がある。本人の理解や見通しを助けるために，視覚的にわかりやすい絵カードやマークを利用することもある。次に楽しいことがあるという見通しをもてるようにすると，なかなかできなかった身支度ができるようになることもある。また，散歩の際に虫などに気を取られて前に進めない子どもには，行く前に公園に着いてから取るなどの約束をすると，それを目標に歩くようになったりもする。

(2) できない・負けることへの不安

鬼ごっこでタッチされると泣きわめいたり，鬼にならないと言い張ったり，それがかなわないと集団から出て行ってしまう子どももいる。3歳児ではよく見られる光景であるが，4，5歳児になってくると，「自分勝手」「ルールが守れない」と問題視されることもある。

しかし，このような子どもは，鬼になることへの不安感が強いともとらえられる。ある子どもは，ひょうたん鬼で，最後の2人に残ったとき，たくさんの鬼の子に囲まれた瞬間，「イヤダー」と泣いてしまったり，鬼にタッチされても，線の中に入ってタッチしたからダメと言って鬼になろうとしなかった。

しかし，よく考えると，この子は自分が鬼に囲まれてからタッチされ鬼になることが予測できており，囲まれた不安感・恐怖感があると思われる。

思ってもみないことやルールどおりにできないことを指摘されると，子どもはよけいに不安になりパニックになる場合もある。「ずるい」と責められるのではなく，「こんなに鬼が増えたら，怖いよね」と共感してくれる人がいれば，安心して遊びを続けることができるかもしれない。

最初にルールを確認しておいたり，負けることがあるかもしれないことを予め言っておいたりして，心の準備をしてもらうことも必要である。一方でルールがあまりなく，楽しめる遊びも考えてみるとよい。

(3) 生理的な不快感に対する不安

生理的な不快感や不安がある場合，それを取り除くか，または不安を軽減し乗り越えられる支えとなるものを考えるなどの対応が必要である。

感覚過敏のある子どもの場合，帽子のあごひもがあたる感覚が嫌で帽子をかぶろうとしな

かったり，皮膚の触感に違和感がある服は脱いでしまったりする子どももいる。

ボールがあたると痛いのが嫌でドッチボールに参加できない子どもがいる場合，ふわふわボールやビーチボールを使ったり，プールで水しぶきが顔にかかるのが嫌な子どもたちには，静かに入るグループをつくって別々に入ったりするなどの工夫が必要である。

嫌な音や嫌な場所によってパニックになる子どもについても，その不快感に共感し配慮するとともに，手をつなぐことや，怖くない「おまじない」や「お守り」などによって支えたり，音の出る仕組みを理解してもらうことなどによって不安を軽減することができる。

(4) 仲間に排除される不安—小グループでの安定した関わり—

子どもたち，特に人との関わりに困難を抱えている子どもは，朝の会や食事のときなど，一斉に集まったり座ったりするとき，どこに座ろうか，だれの横に行こうか，排除されないだろうかと，不安になる。固定した小グループをつくり，グループごとに集まったり座ったりすることで，固定したメンバーがおり，そろっていなければ声をかけ合い，安心して過ごすことができる。自分を受け入れてくれる仲間がいて所属感がもてることは安心感につながる。

なお，パニックになったときに，クールダウン（気持ちを平常に戻すこと）をしたり，気持ちを立て直したりする場所，落ち着ける場所としての「逃げ場」「基地」（ダンボール箱やしきりで囲ったスペースなど）が必要な場合もある。そのようなことも認め合えるような，クラス集団との関係を築いていくことが大切である。

4　子どもたちの主体的で楽しい活動の重視

子どもは，次に何をするのか見通しがあっても，今の活動に満足しきっていない場合，次の活動に移れないことがある。子どもたちが主体的に活動し，満足感や達成感をもって活動を終えること，友だちの支えや認め合いによって楽しく活動した体験を積み重ねることが重要である。

(1) 自己選択・自己決定する

活動の際に，何をやりたいか，どうすればよいかなどを，子どもたちに考えさせ，決めさせる（選択させる）ことが重要である。

1から自分たちで決めることは難しくても，部分的に選択させたり，一緒に相談したりしながら，目的や役割をもって活動に参加できるようにしていく必要がある。場合によっては，やらないという選択をすることも大事で，逆に言うと，自分の好きなこと（好きな遊びや興味・関心）をもっている，それを尊重されるということが大事である。

活動の切り替えの場面では,「あと,10数えたらおしまいにしようか」「○時までにおしまいにしようか」と余裕をもたせて予告することによって,子どもは気持ちに折り合いをつけることができる。そのような経験を積み重ねる中で,「あと1回やったら行く」などと自分で決めて切り替えることができるようになる。また,「○くんが座ったら〜始めようかな,それとも先に始めてもいい？」と自分で選択させる。すぐに区切りをつけられなくても,「○○したかったんだね」「〜できなくて残念だったね」「明日またやろうね」と,気持ちを受けとめてもらうことによって,活動を切り替えられることもある。

(2) 幅をもたせる

保育者の側も,多様な子どもたちがいることを前提に,活動の時間や内容に幅をもたせる必要がある。

たとえば集まる時間も,何時何分ときっかりに決めるのではなく,何分から何分の間に自分の遊びにきりをつけて来ればよいというように,余裕をもって日課を設定する必要がある。次の活動になかなか移れない子どもには,「まだ○○したいの？ じゃあ,終わったら戻ってきてね。待ってるからね」と声をかけ,少し離れて自分で気持ちを切り替えられるタイミングを待って見守るなどの"間"が大切である。また,集まりの時間になったけれど,ブロックで作ったものを,後で続きがしたい,あるいは飾っておきたいので片づけたくない場合は,かごの中に入れておいたら壊して片づけなくてもいいことにするなど,そのような幅・柔軟性が必要である。

また,すぐに集団の活動に参加してこなくても,他の子たちがやっているのを見たり聞いたり,多様な参加方法を保障するということが重要である。

たとえば,プールに入りたくない,絵本を読んでいたいと言う子に,プールの見える涼しいところに行って絵本を読むように保育者が誘うことによって,その子どもの耳には水の音や楽しそうな友だちの声が聞こえてくる。そのうち,ちらっとプールで遊んでいる子たちを見るようになり,足だけたらいに入れてみるようになったりする。特に初めて体験することは,見て聞いて参加することも含めて,イメージしやすい環境や状況をつくって,やってみようかな,やってみたいなと要求がふくらむようにその子のペースに合わせて誘っていくことが大事である。

5 集団の中での共感・認め合い

(1) 好きな遊び・得意な活動を認める

気になる子どもの,できない部分だけに目を向けるのではなく,その子どもの好きな遊び

や得意なことは何か，よく観察してみる必要がある。そして，その子どもの好きなことをまずは保育者が一緒にやってみて共感することによって，信頼関係もでき，友だちとの関係も広がっていく。

　生き物のことに詳しい子ども，工作やブロックが得意な子どもなど，同学年の中で認められるだけなく，下の学年の子どもに教えてあげることによって，いっそうあこがれをもって見られ，頼られ，誇りが育っていくことがある。

　自分の思いを言葉で表現することが苦手ですぐに手が出てしまうため，周りの子どもたちから怖がられていた5歳児がいた。ブロックあそびが得意だったので，3歳児がブロックを「つくって」と言っているときに，保育者は「教えてあげてくれる？」とつなげていくようにした。その子は保育者からも，3歳児からも「ありがとう」と声をかけられることによって，頼りにされる嬉しさを感じることができ，3歳児のことを気にかけるようになっていった。自分が必要とされている存在，期待されている存在であることを確認し，自分の存在価値を感じるのだと考えられる。

（2）思いを聞き取り共感し，代弁し，表現できるように仲立ちをする

　子ども同士でけんかやトラブルになったり，集団活動に参加しなかったり，教室を出て行ってしまったりする子どももいる。どのような状況で，どのような思い・理由で，そのような行為をとってしまったのか，周りの子どもたちにも事情を聞いて，その子の思いを丁寧に聞き取り，おとなが代弁し共感することが大事であり，「話したい」と思える雰囲気をつくることによって，子どもたちは安心して，自分の思いを表現するようになる。

　集団から出て行ったときに，その子を無視するのではなく，「出て行ってしまったけど，また帰ってきたら『お帰り』って言おうと」か，「給食の時間だけど，ブロックをここまで組み立て終わったら食べるから，みんなに先に食べていてもらおう」とか，「掃除当番だけど今日は疲れているから休ませてもらい，明日はするからと約束する」とか，個別事情もみんなが了解し，認め合えるように，保育者がその仲立ちをすることが大事である。

　一緒に遊びたいのに表現できず，好きな友だちに触ったり，叩いたり，ぶつかったりする子どもには，「イレテ」「イッショニアソボウ」と声をかけることを伝えていく。

　競争，勝ち負けにこだわる子どもで，負けると泣き叫んだりパニックになったりする場合，負ける可能性もあることを予告するとともに，その気持ちに共感しつつ，勝ったら「バンザイ」，負けたら拍手し，友だちが失敗したら「ドンマイ」と言うなど表現方法を教えていくことによって，気持ちを切り替えることもできやすくなっていく。

　注意されることが多くなる子どもは，それを周りで聞いていたり，トラブルになったりした他の子どもたちから嫌な感情をもたれやすい。できていないことをみんなの前で大声で叱ったりするのではなく，その子の近くで静かにどうすればよいか指示したり，肩をたたい

て気付かせたり，ほめるときはみんなに聞こえるように言うなど配慮し，なるべく周りの子どもたちに悪いイメージをもたれないようにする必要がある。

(3) グループ・集団の取り組みと納得と合意・相互理解

　自由遊びや，偶発的なトラブル等の後追いになるのではなく，一方では意図的に関わりをつくり出すような集団の活動・取り組みも必要である。

　生活の場面では，グループごとに集まったり，テーブルについて食事をしたり，グループで当番活動をすることによって，子ども同士の関わり合いをつくり出すことができる。その際に，来ていない友だちを呼びに行き，「優しく言わないと怒っちゃうね」「こうすると喜ぶんだね」などということを，関わりの中で発見し，共有し合いながら仲間の姿を認めていけるような働きかけが重要である。

　特に，集団に参加しにくい子どもの場合，気の合う子，仲のよい子を支えに集団に参加してくるようになるので，グループのメンバーに配慮する必要がある。

　また，友だちとの関わりを意識的につくり出すような遊びも導入する必要がある。

　たとえば，フルーツバスケットでは，最初はいすが足りなくならないようにして安心させると，同じくだものになった子ども同士，声をかけ合ったり，共感し合ったりできる。また，いすに座れなかったら鬼になることを，負けというマイナスのイメージでとらえないよう，いすがなかった子どもは鬼になって次に何を言うか決めて言えるというプラス面を強調することによって，子どもたちはそれが嬉しくて，鬼になっても泣かないようになることもある。

　また，助け鬼では，鬼が1人だと鬼になるのを嫌がるが，鬼を複数にすると嫌がらずに鬼になれたり，タッチされてもすぐ助けに来てもらえるので，友だちに支えられて参加できるようになったりする。

(4) 異年齢集団での遊び

　異年齢集団では，安心して，過度に緊張せずに，楽しく活動に参加できる雰囲気をつくり出しやすい。

　年齢・発達段階の異なる子どもたちが一緒に楽しく遊べるように，ルールを守ることを厳しく要求するのではなく，楽しく活動できるようにルールを柔軟に考えたり，寛容に受け止めたり，ルールを変更したり，つくり出していったりできる。たとえば，異年齢でのいすとりゲームでは，いすがない場合は，友だちの膝の上に乗ってもよいというルールにすると，3歳児は4，5歳児に呼ばれて膝の上で抱えられてにこにこしており，安心して参加でき異年齢で楽しめる遊びになる。

　また，大きい子で同年齢集団の中では少し自信がなかったりトラブルを起こすことが多い子どもも，小さい子どもたちから，何をやっても「すごい！」と認めてもらえるような集団

の中では，緊張せずに，失敗しても大丈夫だと安心して表現したり，自分の弱さをさらけ出すことができる。

　リズムが苦手で参加しないことが多かった子どもが，異年齢集団で年下の子たちに見られていることによって，かっこいいところを見せようと張り切って活動に参加する場合もある。小さい子からも刺激されたり，あこがれられたりし，それを支えに，自分の可能性を感じて目標への到達に向けて努力し，それがみんなに認められて自信になると思われる。

【参考文献】

・東京学芸大学特別支援科学講座編（2007）『インクルージョン時代の障害理解と生涯発達支援』日本文化科学社
・湯浅恭正編著（2009）『特別支援教育を変える授業づくり・学級づくり1　芽ばえを育む授業づくり・学級づくり』明治図書
・岡村由紀子編集代表／発達支援グループNPOまほろば編（2006）『ちょっと気になる子の保育』ひだまり出版
・ナサニエル・ブランデン著，手塚郁恵訳（1992）『自信を育てる心理学』春秋社
・白石正久（2007）『自閉症児の世界をひろげる発達的理解』かもがわ出版
・別府哲・奥住秀之・小渕隆司（2005）『自閉症スペクトラムの発達と理解』全国障害者問題研究会出版部
・山本理絵（2009）「点検主義にならない保育を」全国保育問題研究協議会編集委員会編『季刊　保育問題研究』No.238，新読書社

第 3 章

気になる幼児の発達を支える家族，地域支援
―保護者の苦労に寄り添って―

　幼稚園は，学校教育のスタートである。しかし年齢が低いので子どもたちにはたくさんの人の関わりが必要である。本園（愛知県岡崎市竹の子幼稚園）では入園式で保護者のみなさんにこう呼びかける。

　「今日までは保護者，ご家族のみなさんが育ててこられました。これからは幼稚園とともにやりましょう。幼稚園はお子さんだけが入園したのではなくて，親子，家族みんなで入園です。」

　幼稚園は子どもをまん中に保護者と保育者が信頼関係をつくり協同して子どもの育ちに関わっていくところである。この姿勢は，障害のある，なしにかかわらず子どもの育ちに関わる重要なポイントである。

　さて本園には，開園当初から障害児が入園した。それ以来障害があることで入園をお断りしたことはない。現在ではどのクラスにも障害児がいて当たり前になっているが，当初は十分な知識はなく，保育経験ももたずに保護者の願いを受け入れたのである。

　保育現場は予想を超えたいろいろなことに直面することもあり，そのつど専門家のみなさんに来園していただき，学び，実践を積み重ねてきた。これらは，どれもこれも保育者としての人間観，子ども観，発達観，保育観にとって必要なものばかりであったと考える。

　年齢，クラスにこだわらないオープンな雰囲気を大切に，その中で，生活習慣，集団のきまりなども含めごく当たり前の保育を丁寧に実践する努力をしてきた。こうした保育はいつも保護者，家族との関わりの中で進められてきた。

1　障害児の入園―育ち合うために―

　入園は診断名や子どもの障害の重症度よりも，保護者，家族の思いや願いが本園の保育と協同していけるかを重視している。問い合わせに対しては，いつでも保育を見学できること，何度でも話し合いができることを伝え，入園前から保護者支援，園運営体制づくりを意識してきたのである。

(1)　はじめての来園

＜タイプ１＞両親・祖父母と子で来園する場合
　母親と父親の「幼稚園に入園させたい」という強い願いが伝わってきた。

来園までの経緯を順序立てて冷静に話し，入園に際しての不安感も前向きに受け止めている。他園で入園を断られた体験がある場合，保護者はそのことにふれることが多い。その話のときには，怒りを抑え母親が涙ぐむことも見られた。面談中，父親は母親の話に相づちを打ち，祖父母は同行の子どもの世話をしていることが多く，家族のみんなで幼稚園にたどりついたような印象をもった。

＜タイプ２＞小児科医の紹介状を持って父と母，子が来園。保健師や相談所のセラピスト，
　　　　　　あるいは，卒園生の母も同行する場合

　子どもの障害が受け入れられず不安がいっぱい。しかし，このままではいけないという必死さが伝わってきた。話しながら涙ぐんだり，同行者に励まされたり，代弁してもらう場面も見られた。後日保健師が電話で事情を伝えてくることもあり，入園後も保健師やセラピストも保護者との関わりを持ち続けた。そして，幼稚園への訪問もしていただき園と専門家と連携を取り保護者への支援を続けることになった。

　大きく２つのタイプに分けたが，これだけではない。両親ともに混乱していて，入園の相談に来園されたものの，来園前に面談した医者，保健師，相談員などの意見を整理できずにいて，入園を決意するまでに何カ月もかかったこともある。

(2)　園内見学・保育参加体験

　園内見学は健常児の保護者もいつでも自由にできる。６〜９月は連日見学者がいる。
　園内の見取図を渡し，自由に親子で見学してもらう。障害によっては，子どもが動き回る，機嫌が悪くなる，園内で子どもを見失う，といった理由で子どもと一緒だと落ち着いて見学できないといった悩みが保護者から出された。
　見学したい内容に希望がある場合はその時間帯に来園する方法で見学日数を増やした。「食事の場面」「排泄の様子」「保育者と子どもとの関わり合う姿」「自分の子どもと同じような障害の子どもとそのクラス」とそれぞれの希望に沿った形，方法で見学できる配慮をした。

(3)　入園手続き

　通常の入園手続きの手順に沿って行う。
　この入園に向けての出会い，面談等はカウンセリングマインドそのものである。私たち保育者は専門的なカウンセリングはできない。しかし，保護者，家族のみなさんは相談相手として信頼を寄せて日常的なことから深刻な心の内，あるいは病理的なことまでさまざまな話をする。入園させようと一歩踏み出した保護者・家族が安心感をもつことは入園後の園生活と大きな関わりがある。中途半端な面談にならないよう共感的に肯定的に話を聞くためには

必要なだけ時間をかけることは不可欠なことだと考えた。

(4) 体験入園

体験入園は，障害があるなしにかかわらず希望者は全員参加ができる。入園決定後11月，1月，2月の3カ月の間に日程を決め，年少の各クラスに分かれて親子で体験する。保育者は，子ども，保護者の様子を記録に残しクラス編成を意識して関わるのである。

学年末の年少クラスの落ち着いている様子を見て，入園後に期待感をもつ一方で，わが子の障害に改めて不安感，ショックを感ずる姿も見られる。体験後に「幼稚園入園はたくさんの不安がいっぱいですが，次へのチャレンジです」と話す母親が多くいる。

(5) クラス編成（1〜2月）

入園予定の全ての子どもの資料や記録を手掛かりに検討し，クラス編成をする。(3月まで変更可能にし，障害のある子どもの体験入園の希望者は受け入れ続ける。)

(6) 事前打ち合わせから入園式へ

本来は担任発表は入園式である。しかし障害児の多くが入園式という非日常的なことに不安感が強いことを配慮し，事前に担任と面談を行い子どもと一緒に遊んだり具体的な会話を交すようにした。保護者（特に母親）が安心して出席できる混乱のない入園式にするための配慮である。(開園当初の入園式で子どもがパニックを起こし親子とも混乱してしまい，保育者も適切な対応ができなかったことの反省から始めた。)

(7) 母子通園（1週間から10日間，半日保育の間）

「心配なので少しの間付き添いたい」という母親の希望で始めたことである。

当初は，常時母親が保育室にいるということで，保育者の負担感が強く，継続できるか心配であった。しかし，母親がいることで子どもを見失ったり，混乱したときにもすぐに対応できること，保育者が母親とその時々にその場で話ができることなどで相互理解が深まり，保育者と母親の双方がクラス運営に関して安心感をもてることが実感できたので，継続している。この母子通園は，保育者の自信を育てることにもつながったのである。

① 母子通園とは

慢性的に不安感をもち悲しみにくれている母親。そんな母親が，保健師に付き添われて入園面接をした。多動でパニックを起こしやすい男児にどう関わってよいか困っている状態であった。医者，保健師のすすめで入園前に療育施設に母子通園を試みたが，子どもが泣き止まない，すぐに寝転んでしまう，近くにいる子どもに噛みついたことなどを気にして継続できなかったとの報告を受けていた。

本園の入園式に喜んで参加できたことで園生活に期待をもったそうである。母子通園には消極的であったが保健師のすすめで参加した。同じクラスに重度の脳性マヒの女児がいたことで，母親同士はにこやかに第1日目が始まったのである。多動で動き回ってはいたが，おやつタイムはいすに座ることができ，絵本タイムは母親の膝に入って落ち着いたことで，母親はひとまずホッとした。

　ところが2日目，3日目は部屋に全く入らず，3日目はやや強引に部屋に連れてきたことで大泣き状態になってしまい，登園して30分程で母親が突然帰り仕度をして「もう無理です」と子どもを抱きかかえて保育者の呼びかけも無視して降園してしまったのである。その日のうちに主任と担任が家庭訪問をした。

　子どもがお気に入りのビデオを見ているその部屋で話を聞くことになった。①先生たちは忙しくてうちの子を見るのは無理だと思った，②Kちゃん（脳性マヒの女児）には他の子も近づいていくし先生たちも声をかけていたけれども，うちの子は部屋にいないのでほったらかしになっていて私（母親）がいなかったら行方不明だと思う，③「母子通園って何のためにやっているんですか？　悲しいだけです」と，この3点を一気に話された。しかし話しながら少しずつ落ち着き家庭訪問がうれしかったとお礼の言葉を言われ，「明日は行けたら行きます」という返事を聞くことができた。

　その後1日欠席をしたが残りの母子通園はできた。この日から登園時にはお母さんにしっかり声をかけ，多動な子どもにお母さんと一緒に付き添い，保育者が忙しいときは必ず，「お母さんお願いします」と声をかけ無視しているといった誤解のないように気をつけたのである。

　保育現場はとても忙しい。4月，5月の新年度早々はゆったりと声をかけ合う余裕はない。事前の情報を「知っている」ではなく「理解している」ことの大切さを実感する経験となり，その後に生かされた。

②　母子通園とPTA活動（PTA談話室は母親のたまり場）

　車で片道1時間を母親が送迎するということで入園した2年保育のH君。

　(イ)小学生の姉がおり，家族のことはどうするのか。(ロ)毎日，登園後に帰宅し，降園時に再び迎えにくるのは負担ではないか，という2点が問題として浮上した。

　(イ)は祖父母の協力で解決したが(ロ)の問題は残された。

　新学期開始直後にPTAのクラス委員を決めるための保護者の集まりがあり，そこでH君の母親が子どもの障害のこと，送迎のことを話しクラス委員にしてほしいと申し出たのである。全員一致で承認され，3名のうちの1名として選出され，特別に年長になっても事情が変わらない場合は引き続きクラス委員になれることも提案され，承認された。母親は通信物に得意なイラストを描いたり，縫い物で大活躍し，たくさんのママ友ができた。こうして母親はPTA談話室でPTA活動をしながら子どもの降園を待つことができ(ロ)の問題も解

決された。

　H君の母親の参加がきっかけとなり，PTA活動に遠慮がちであった障害児の母親たちが積極的に参加し始めた。そして，子どもが保育されている間に同じ幼稚園の母親たちと施設巡りやボーリング，そして音楽会や陶芸教室と生活の場を広げていったのである。幼稚園のPTA活動は小さい弟や妹を連れて参加できる配慮がなされていた。日頃我慢させることの多い弟，妹としっかり関わりながら，母親自身も社会に関わることができ満足感があったようである。こうした母親たちのつながりは園の雰囲気をさらにオープンで明るいものにしていったのである。

　当初学期ごとに実施している保育参観とクラス懇談会では，障害児の保護者は出席に消極的であった。特に懇談会では話題が合わない，発言を求められても何を言ってよいかわからないので出席しても他の母親に気をつかわせているような気がして居づらいと思っていた。しかしPTA活動への参加の中で，クラス委員は懇談会を運営しなくてはならないことから，クラス・園全体に気持ちが向けられるようになっていき，健常児の母親たちも今まで気づかなかったこと，同情的な関わりから，子育て中の親としての共感的な意識に変わり始めたのである。

　現在も入園直後の母子通園は継続している。しかし見直しの時期にきていると感じている。福祉行政サービス，地域での入園前に母子通園できる支援体制が数多く実施され始めている。早期発見，早期支援ということで1歳半検診前後から何らかの療育支援が受けられる。入園前にどこにも行ったことがない親子はいないと言っても過言ではないと感じている。その半面以前と比べ，半信半疑，認めたくないといった不安定な心境の母親は増えているように感じている。

　発達障害児の場合「はっきりした診断名はないけれど」といった曖昧なまま入園を迎える子どもも多く，保護者はすっきりしない気持ちで揺れていることが保育者に伝わってくる。幼稚園で実施している母子通園をすすめたところ「うちの子はまだ診断名がついていません。1歳半検診のあとで紹介された公立の施設で実施されている母子通園に行っていますから，幼稚園では母子通園の必要性は感じていません。入園したら他の子と同じように登園させたい」ときっぱり断られたこともある。母子通園を，「保護者の希望を受け入れ幼稚園生活への不安を取り除く」「子どもとしっかり向き合う」「幼稚園というところを知ってもらう」という目的で実施してきたが，時代の変化を受け止めていく必要を感じている。

2　親の会

(1)　親の会発足（昭和55年4月）

　障害児10名の母親から月に1,2度集まって話のできる部屋を貸してほしいという申し出があり,自発的な運営に任せた。おしゃべり会から情報交換の場となり,専門家の意見を聞きたいということで保健師,児相相談員,大学の先生等に来園をお願いしたこともあり,熱心に運営された。

(2)　親の会第1回見直し（昭和62年）

　この頃になると専門的な話や相談は支援事業としてあちこちで開催されることが増えた。そこで,この幼稚園での身近な具体的なことを話題にしたいという希望で主任が出席することになった。子どもの今の様子,園の方針などを話題にし,就学やその後の学校生活のことも考えていける場にしたい,とそれぞれの希望が話された。障害によって悩みの深さ,重さに温度差があるので,グループに分かれて話し合う工夫もされていった。卒園生の親の話が聞きたいので,連絡をしてほしいという要請も出されるようになっていった。
　園では次のように対応した。
- 保護者の了解を得てこの会で話されたことを職員会議で報告し,保護者と保育者のさらなる相互理解につなげていく。
- 就学についての教育委員会等からの情報資料を紹介していく。
- 卒園生の親に来園していただき話を聞けるように園から連絡を取る。

(3)　親の会第2回見直し（平成元年）

　母親同士の思いや願いの違いの開きが大きくなってきた。そこで自閉症児と肢体不自由児では園生活,家庭生活,就学問題においてもさまざまな違いがあることから,親の会とは別の集まりをつくる努力も見られ,園長は全ての親の会に出席し,それぞれの集まりには要請があれば出席という方向で進めていくことになった。
＜親の会での話題＞（雑談,愚痴の言い合いをベースにおいて未就園の弟,妹の世話をしながらの参加）
- 園行事への参加,クラス運営と子どもの様子
- 進級,就学に関すること

＜親の会とは別の集まりでの話題＞
- 園以外のサークルや親の会等の情報交換

- 兄姉弟妹のこと
- 父親の育児参加
- 祖父母，家族のこと

(4) 親の会，思いの違い（平成12年）

障害と言っても種類や程度には違いがあり，同じ診断名でも状態には違いがある。母親たちはお互いにそのことを分かり合っていたと理解していたが，3年保育入園で2年目を迎えたADHDと診断された男児の母親が涙ながらに語った内容に同席していた園長は驚き，どうなるか心配な気持ちを隠せなかった。

＜発言1＞
「私の子どもは水泳もできるし，走るのも速いし見た目は普通っぽい。けれど，一方的に喋って相手の気持ちはお構いなしですぐに手が出てしまい誤解されやすい。年少のときは『○君が恐いから幼稚園に行きたくないという子がいる』という話が耳に入り苦しかった。近所では『親はしつけをしていないんじゃないか，一人っ子で甘やかしている』と思われている。言ってはいけないことは十分わかっているが言わせてほしい。歩けなかったり，見た目にわかりやすい障害がうらやましいと思うことがある。」

少しの沈黙の後，会の進行係であった年長児のダウン症女子の母親が穏やかに話し始め，そのあと次々と発言が続いた。

＜発言2＞
「小柄でニコニコして人懐っこいのでみんなに親切にされ可愛がられている。しかし，卒園して就学して，そして大人になっていくことを考えたら可愛いとばかり言ってはいられません。悲しみは同じ。子どものために何をしたらよいかをいつも忘れずにチャンスを広げていきたいです。幼稚園入園は大切な一歩。この会があってよかった。」

10人程の母親が次々に発言し，今まで何となく理解し合っていた子どもの障害についての理解をお互いにより深めていく機会になったのである。この会は入会，退会も全く自由である。しかし入会するとほとんどの親は途中で退会することはなく，園としては求められることにできる限り応えてあくまで保護者主導で進めてきた。

今回のことで障害児を幼稚園に入園させる決心をした母親の強さに改めて驚いた。その後卒園生の親たちが在園児の親の求めに快く応じて自分の体験を語り相談に応じていることは，何にもまして心強いものであると受け止めている。

3　心のバリアフリー

　障害児がいて当たり前になるためには，障害児も健常児もひとりの子どもとして受け止め，同じだけのエネルギーをかけて保育していることを伝え続け，理解につなげていくことが重要だと考えている。
　園運営も落ち着き障害児の数も常時20名余の在籍の頃になり，予期せぬ問題と向き合うことになった。新入園の健常児の親から連絡帳や電話で，担任に以下のような苦情や要望が続いたのである。

＜その1＞
　保育者が多動な自閉症児にピッタリと寄り添って食事をしている様子を見た母親から。

> うちのK子もよくこぼすし，はしもうまく使えず口元も汚します。A君のようにしっかり指導してほしい。

＜その2＞
　3歳児の肢体不自由児の抱っこについて。

> うちの子が毎日のようにうらやましがっていることがあります。Tちゃんはいつも先生が抱っこでいいなあ，と言います。たまにはうちの子も抱っこしてみんなの先生になってほしい。

＜その3＞
　噛みつき。「A君が恐いから幼稚園に行きたくない」と言う女児の父親から抗議の電話が入る。

> いくら障害があるといっても責任をもってそういう行為は止めてほしい。親に付き添わせるとか，絶対に目を離さず，付きっきりになっていないからこういうことが起きる。今後どうするつもりか聞かせてほしい。

＜その4＞
　二分脊椎症児のスクールバス通園で。

> バスの時刻が大幅に遅れる日はNちゃんがバスを利用する日だという噂がある。障害

児をバスに乗せるのは無理があるのではないか。いくら希望があっても全体運営を優先して考えてほしい。

＜その5＞
　連絡帳でのやりとり，個別の面談で。
　障害児の園での様子，家庭からの情報交換を密にしていること，親の会や担任と個別に話をよくしているということに対して。

　年少時代はどの子も園の様子がわからない。障害児は大変なことは理解しているつもり。しかしあまりにも対応に開きがあるので考えてほしい。相談も障害児だけではなくみんなの相談に乗ってほしい。

　これは一部である。いろいろな意見が寄せられた。昭和55～60年頃に集中した。障害児の入園が増え人的配置が大変だった頃である。親からの意見は話をしたいという親からのサインでありチャンスである。親の話をよく聞き正面から向かい合ったとき，多くの親が理解者となっていく実感があった。
　子どもが心身ともに豊かに育ってほしいという思いでは，親も保育者も全く違いはない。このようなことにも丁寧に関わることで，立場を越えた共感は保育現場に余裕をもたせ温かい雰囲気をつくっていくことになった。
　噛まれた子どもの家に日参し，父親と何回も話をしたことも，父親が保育現場を深く理解していくよいきっかけとなった。では，意見を言わない保護者は何も思いはないのか，どう受け止めているのかを職員会議で話し合い問題を見直したのである。以後，毎週発行の通信，運動会，劇遊びの会，参観，懇談会等全ての場で園の方針をわかりやすく伝え続けていくこと，そして保護者が意見を言いやすい環境をつくっていくことこそ，たくさんの協同ができるという実感がある。

4　まとめ

　本園に入園した子どもは，医学的に命にかかわることでない限り，障害児も園児として全ての園生活に参加し活動することにしている。集団の中でその子に必要な適切な個別の支援をしていくためには，その子の保護者だけではなく，たくさんの保護者との共感的な連携が欠かせないのである。
　障害児の保護者（母親）が教科書のような受容態度をたどるとは限らず，大きな不安を長い間抱えて子育てしていくことを筆者は実感している。幼稚園は何があろうと保護者，家族

に対して温かく変わることのない誠実な態度で接していって初めて共感的な支援ができるのである。これは決して保護者の願いに迎合することではないと考えるものである。そのためには，園の外から専門家を受け入れ保育者も保護者も学ぶ場が必要である。保育は園の中だけで行うものではなく，地域や社会とのつながりの中で行うものであり，高い機能をもった園へと成長していくことが求められていると考える。

実践編

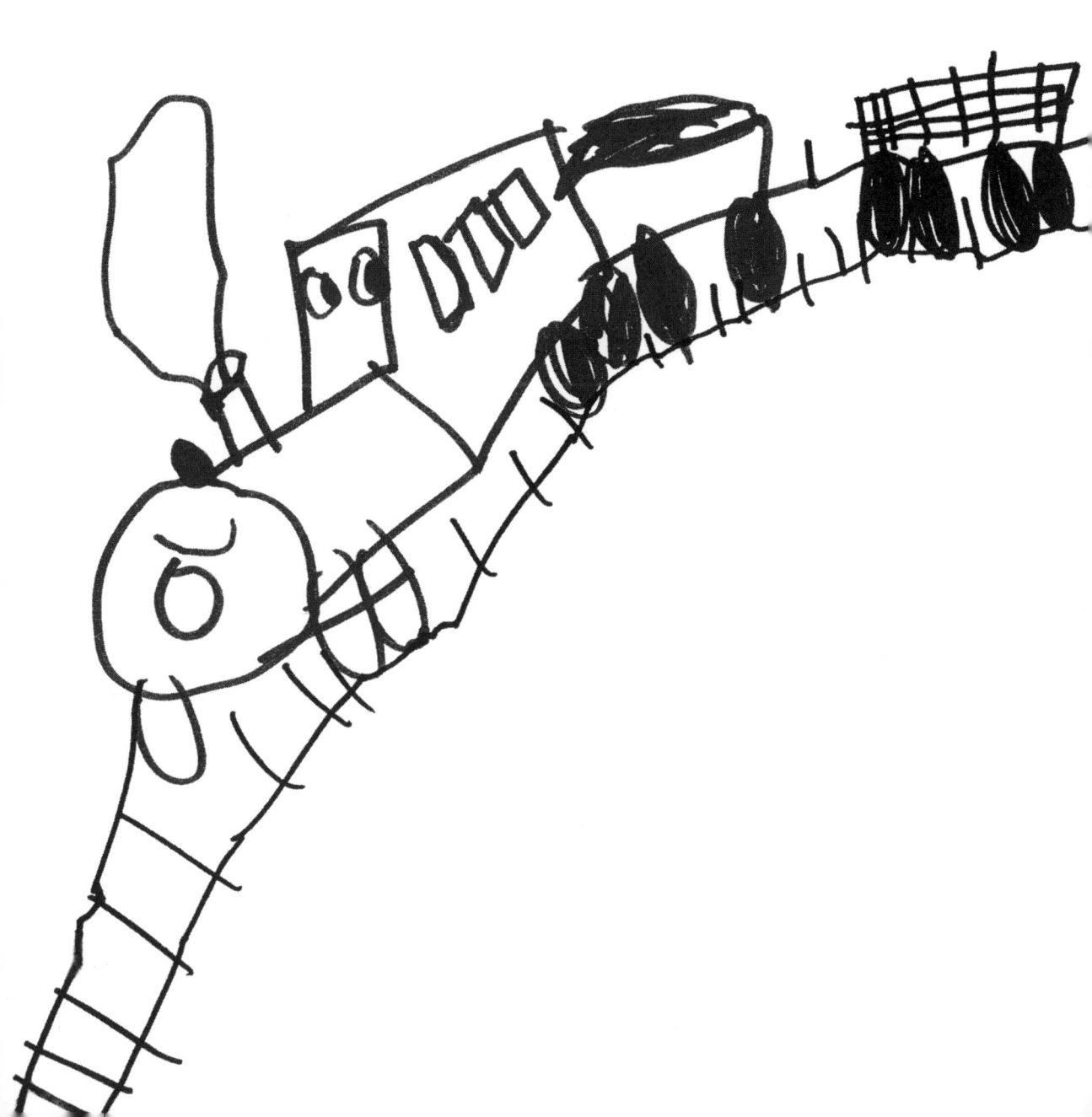

第 4 章

基本的生活習慣づくりをしよう

1　基本的生活習慣について

　「基本的な生活習慣」とは，人間が生活する上で基本となる態度や行動の基盤であり，現在から将来まで，生涯にわたり必要となる重要なものである。
　その内容は，食事・睡眠・排泄・清潔・衣類の着脱など，衣・食・住に関することである。幼児期には特に健康な体をつくるための生活や食事の習慣，規則正しい生活，身辺処理の自立が目標となるであろう。「身辺処理の自立」と言うと「よく眠り，食欲があり，1人でトイレに行った後手洗いができ，着替え後脱いだ服の後片付けがきちんとできる子」と大人は理想的なイメージを描きやすいが，これらの力は通常ごく当たり前に習得していくようでありながらも，さまざまな能力や技術が必要であり，コツコツと日々積み重ねることが重要となるものである。幼児期の基本的生活習慣の形成は，その後の学童期，青年期へも影響を与えるため，焦らずに，大人もじっくりと構え，根気強く向き合っていきたい。
　基本的生活習慣が大事とはわかっていても，子どもが自分で着替えに取り組むことを嫌がり，無理にさせようとすると毎回泣いたり怒ったりするので困ってしまう。このような母親の訴えを聞くことは少なくない。本人の力を考えればさほど難しくない課題と思われるが，本人にやろうとする気が見えず，促すと時間ばかりかかり面倒で，結局大人がほとんどやってしまう，という話もよく聞くことである。
　八方ふさがりと感じてしまうような状況でも，基本的生活習慣について，子どもたちは少しずつ，必ず成長する。子どもが自分で取り組むことをなぜ嫌がるのかを考えつつ，大人側のちょっとした一工夫と励ましで粘り強く教えていくことで，子ども一人ひとりに習得差はあるものの，必ずできるようになるのである。「きっとできるよ！　一緒にやってみよう」と大人が諦めない姿勢と毎日の積み重ねによって，基本的生活習慣は形成されていくと考える。

2　指導の実際

(1) 着脱

　大人が手伝わないと着替えに取り組まない子，自分で着脱ができるものの衣服がすべて裏

返しになってしまう子等，一口に着脱と言っても，そのスキル（技術）にはいくつかの段階がある。その子が今，どの段階にいるのかねらいを押さえることで，補助や手助けをどの程度行うか，目標をどこに置き，どこまで本人にがんばってもらうかが変わってくる。

また，子どものつまずきは，環境を整えることによりクリアされることもある。環境とは，空間的な配置だけでなく，衣服やボタンの工夫，支援の方法なども含む。

		チェック	工夫
①	衣服	着替えの練習に適した衣服？	ボタンの大きさ，デザイン
②	場所	着替え場所，集中しやすいような工夫は？	場所，仕切り，かご等
③	前後	衣服の前後についての理解は？	着目しやすい印，アップリケ
④	手順	将来を見据えた手順であるか？	一定の流れ，効率よい着替え
⑤	時間	時間内での着替えができるか？	見通し，タイマー，音楽等

① **衣服**

保護者としては，かわいいデザインの服を着せたいという思いやできるだけ長い期間愛用してほしいという思いが多少あるだろう。しかし，自分ではまだ操作できない位置にあるファスナー付きの服や体型ぴったりの服では，着脱の練習には適さない。着脱の自立を目指す時期には保護者に理解と協力を願い，着脱しやすいような素材やデザインの衣服を準備したい。

② **場所**

あらかじめ，脱ぐ場所，脱いだ衣服を置いたり畳んだりする場所，次に着る衣服を準備する場所を決めておくと子ども自身がわかりやすい。位置を決める際には，教室環境や子どもの生活動線（自分のロッカーや遊具場所）を考慮するとよい。その子のこだわりの場所などがある場合，可能であれば，むしろその付近を着替え場所に位置するのも一案である。はじめは床に座り込んで着替えていても，いすの利用を通しながら，最終的には立って着替えられるようになると，将来狭い場所での着替えがしやすくなるだろう。

③ **衣服の前後**

服の前後の判別が難しい子どもには，上着シャツのタグやネームに着目するように指さしで促したり，裾に印を縫い付けることで，衣服の前後をわかりやすくする方法がある。また，裾の裏面へ印を付着させることにより，「確実に前後を間違えず，手で握る位置を示す」という方法もある（写真4-1，4-2）。

印は，手芸店で販売されている小さなアップリケやフェルトを付けるとよい。特に子どもの好きな動物モチーフや色，形を選ぶと，着目度も上がり，目に留まりやすい。印への着目を促すために，机の上で上着を平らに広げて見せ，「○○どこかな～？」と毎回確認を促すことが有効である。机上で衣服を平らに広げて見せるのは，衣服を畳む際にも有効な手段であ

る。

写真4-1　後の印

写真4-2　手で握る位置の印
（内側の背中側に付ける）

④　手順

　小さい頃は着脱しやすいよう，一度全部脱いだ後，自分が着やすいものから手に取り，順に着るという手順でよいかもしれないが，その後の将来を考えると，できるだけ他人に肌や下着を見せない着脱の仕方を習得させたい。特に，身体が大きくなってからの変更が難しいと思われる子には，一定の手順で着脱を統一した方がよい。

　上着を脱いだら新しい上着を着る，ズボンを脱いだら新しいズボンを履くという順であると，肌や下着の露出が抑えられ，ズボンを履いたときに上着シャツの裾を入れるという自然な流れができる。

　また，脱ぐ際，なるべく裏返しにならないように袖口を持ちながら腕を抜く方法を覚えることが望ましいが，体型や衣服の形態，子どもの意欲や自立心，集中時間などのバランスを考慮しながら進めていく方法がよい。

⑤　時間

　大人にとっては短時間で難なくこなせる着替えも，子どもにとってはいくつもの手順があり，集中が途切れやすく，一定時間で済ませることが難しい子どももいる。しかし，学校での集団生活では，決まった時間に着替えを終え，次の活動に移ることを求められる。

　集中して着替えに取り組めるように「10，9，8，7……」というカウントダウンの声かけやタイマー（デジタルタイマー，タイムタイマー等），着替えの時間帯がわかりやすいBGMを用いることも効果的である。（強迫的にならないように配慮する。）また，「終わったら～しようね」と次の活動の見通しをもてるよう伝えると，子どものやる気も向上しやすい。

(2)　排泄

　「おしっこ，でたね！」「1人でできたね」と，排泄の自立に対し，子ども自身も大人側も，

第4章　基本的生活習慣づくりをしよう

その成功と成長は格別に嬉しく感じるものである。とは言っても，前述の着脱同様焦らずに，根気強く取り組みたい。排泄自立の段階が「全てオムツの段階」「大人に促されて排泄が成功している段階（定時排泄）」「排泄行動が自立しつつある段階（時々おもらし）」など，子どもが今どの段階なのかを考慮する。

		チェック	工夫
①	時間	排泄の間隔を把握しているか？	排泄チェック表，定時排泄
②	便器	小便器，便座，和式の使用は？	便座に慣れてから各種便器へ
③	尿意	ある程度我慢ができる？　尿意を教えられる？	季節，水分摂取，伝達手段等
④	衣服	衣服や下着の始末はできている？	下着の仕組み，操作，鏡
⑤	拭く	ペーパーで自分なりに拭くことができている？	適切なペーパーカット，前傾姿勢

①　時間

オムツをしていては，子どもが自分で「おしっこをした」感覚はなかなかわからない。オムツ時期を脱出するには，だいたいどのぐらいの感覚で排尿しているのか，1日の回数や時間帯を知ることが大事である。

排泄チェック表でこまめに排泄の間隔をつかみ，排泄の可能性のある時間を見計らい，便座に座る習慣をつけたい。便座に座ることに慣れるということがスタートになる。ここで難しいのは，活動時間との兼ね合いである。「トイレットトレーニングで半日終わってしまった」というのでは，子どもにとっても苦しい状況であろう。

②　便器

便器の種類にこだわりのある子もいるだろうが，できるだけいろいろな種類の便器を使用できるようにしていきたい。場所によっては，和式しかないという可能性も多々ある。男の子は小便器を使えるようになると，出先で母や教師と一緒に女子トイレに入らず，1人で男子トイレに向かうことができる。

慣れている便器で自立できるようになったら，他の子どもが使っているときに「○○くんが使っているから，今日はこっちのトイレでしてみようか」と誘ってみる。こだわりのある子は，はじめ嫌がるが，大人が一緒に入り，座っている間に手遊びをして楽しいひとときを過ごせることがわかると，嫌がらずに使うことができるようになる場合もある。

③　尿意

子どもの様子を見ていると，もぞもぞしたり，一瞬息むような素振りが見られたり，尿意・便意をもよおしていることに気づくことがある。子どもがそうした様子を見せたら，トイレを促すようにしたい。また，思い切ってオムツを外すのに最適な季節は，春から秋にかけての薄着で過ごす時期である。子どもだけでなく，繰り返しの失敗で何度も着替えをすることに，大人自身もくじけにくい季節でもある。

41

また，冬のトイレや便座の「ひんやり感」を過度に嫌がる子もいる。尿意はもよおしても「できるだけ行きたくない場所」と我慢してしまう子もいるので，環境面への配慮（壁面，便座カバー等）も行いたい。

なかなか尿意をもよおさない子には，水分摂取を促し，トイレに向かう機会を設定しやすくすることも一案である。

尿意をもよおしても，その伝達方法が確立していない子には，「おしっこ」という言葉，下腹部をポンポンと叩くしぐさ，トイレの絵カード等で尿意を伝えられるように伝達手段の確立も目指したい。

④ 衣服

男女どちらでも，排泄時に衣服を脱いで下半身裸になってしまう子がいるが，少しずつ慣れさせ，脱がないで排泄できるようにしていきたい。衣服の着脱同様，下着や肌の露出が少ない状態で排泄の自立を促したいと考えるためである。

特に男子であれば，将来的には，ズボンを下ろさず，前立てを開いて排泄を行うということである。これは，手先の操作がどれぐらいできるか，姿勢や身体・運動感覚の発達とも関連してくるものなので，日常生活の中でどれぐらいの操作ができるか本人の実態をとらえることも指導のヒントになるだろう。

自分のやり方にこだわったり，やりやすいように脱いでしまったりと，なかなか大人の思うようには動いてくれないことがあるが，そのような場合，大人が手をかけ言葉をかけ，本人の思いと向き合いながら「ほら，できたね！」という成功体験をさせてあげることが大事であると感じている。

⑤ 拭く

女子の場合，排泄後「部位を拭く」ことがねらいの１つになる。拭かずにさっさと終わりにしてしまう子，ペーパーを長々と引っ張り出してしまう子や適度にカットして丸めることはできても，肌に触れず股の隙間から便器の中に落とすだけの子など，さまざまである。体型によってお尻まで手が届きにくかったり，脚力が弱くうまく中腰の姿勢がとれなかったりするケースもある。「きちんと拭く」ことが望ましいが，その前に「排泄部位を拭こうとする動きと習慣」が大事である。

また，大便の際は，小さい時期は自分で拭くことが難しい子も多いと思われるが，大人が拭いて補助したとしても「ほら，ウンチついてるよ」とペーパーについた汚れを確認させたい。汚れたから拭く，きれいにするという感覚がつくと，自分でも「きれいにしよう」という行動が起こりやすい。大便器だけでなく，日常生活での手洗いや掃除などを通して，小さい時期から身につけてほしい感覚の１つである。

(3) 食事

　子どもはお弁当や給食の時間を楽しみにしているが，食べる意欲，食事の量，食べるスピード，食べ方等，一人ひとりをじっくり観察すると，その実態はさまざまだと痛感する。場所が変わったり，見慣れないものが出たりすると絶対に食べないという強いこだわりをもつ子もいる。

　食事においての課題は，量なのかそしゃく（噛む力）なのか，マナーなのか，好き嫌いなのか。視点をもってじっくりと子どもに向き合いたい。

	チェック	工夫
①道具	実態に合わせスプーン，フォーク，箸を使用？	本人の使いやすさを考えて
②食べ方	食べ物の取り込み，噛み具合はどうか？	よく観察して様子を見る
③偏食	苦手な食べ物を食べるよう促しているか？	偏食も段階を押さえて指導工夫
④マナー	姿勢や食器の持ち方，口への運び方などの習慣は？	絵カード，補助や言葉かけ
⑤歯磨き	歯ブラシへの慣れ，手順，磨き方はどうか？	絵カード，鏡，タイマー等使用

① 道具

　子どもの操作力を見定めて，適切な道具を揃えたい。就学前は一律に子ども用のナイフ，フォークのキャラクターカトラリーセットを用いやすいが，おかずをフォークで刺すことが難しい子にとって先の丸い子ども用フォークで刺すことは，難易度が上がり難しい。台所用品やベビー用品売り場，福祉用品売り場でいろいろな市販品が販売されているので，フォークやスプーンの柄の長さ，先の形状等を考慮して，使いやすいものを用意し，自立を促したい。できるようになったら，いろいろな種類のもので試し，力を付けていくことがよいだろう。また，お箸の導入時期も丁寧に見定めたい。手指操作の発達と「使ってみたい」という本人の意欲とを併せて，滑り止めのついたしつけ箸などで始めると成功体験を積みやすい。

② 食べ方

　唇での食物の取り込み，そしゃくや嚥下（噛むことや飲み込むこと）の傾向など，食べる様子を観察していて気になる点が見つかることがある。あまり噛まないで飲み込んでしまいやすいことや，噛むことが苦手で硬いものを吐き出してしまうこと，なかなか飲み込まないために食事に時間がかかってしまうことなど，食事がスムーズに進まない原因が機能的理由であったりする。

　偏食傾向や食事にかなり時間がかかる子は，一度食べ方をじっくりと観察すると次への指導・支援の展開が見えてくることがある。「○回噛もうね」「シャリって音がするまで噛もうね」などの言葉をかけ，見本で噛む動作をよく見せたり，声をかけながら一緒に噛むということを継続していくことを基本としたい。

③ 偏食

好き嫌いが激しく，決まったものしか食べようとしない子も少なくはない。「食わず嫌い」だと思い"口に入ればその美味しさがわかるのに"と大人は，無理強いをしてしまうことがある。偏食の指導は短期間で食べられるようになることを目指すのではなく，食事環境や調理の方法，味付け等の工夫を試しながら，本人が少しずつ食べることに気持ちを向けるように誘導したい。

食べ物を受け入れるということは，同時に関わっている大人の意向も受け入れるということである。受け入れられる範囲で偏食指導を行うことが望ましい。大人の「これだけ食べようね」を受け入れてくれるようになると，ゆっくり少しずつ食べられるもののレパートリーが増えると思われる。

④ マナー

食べ方で気になるのは，偏った食べ方や箸や食器を上手に持っていない食べ方，汚い食べ方である。"どうせわからない子だから"と決めつけずに，他の子同様，清潔に対する意識や社会生活上での他人の視点を本人に教え育てることは必要である。今の状態をとらえ"もうちょっと，こうなればいいな"という子どもの姿をイメージし，その姿に到達するにはどうすればいいかを考える。

たとえば，大人の働きかけの仕方なのか，食器や用具の問題なのか，食事後，鏡などを用いて客観的に自分を見つめられるような場の設定がよいのかなどである。最初から大人の理想的マナーを押し付けるのではなく，今，その子ができそうなマナーを取り入れていきたい。

自分でチェックは最終レベル

⑤ 歯磨き

幼児期，自分で各部位の歯をしっかりと磨くことは難しい。歯ブラシは口の中に入れたものの，ガシガシと噛んでしまっていたり，同じ個所をずっと磨き続けたりしているだけの場合もある。

大人が一緒に向かい合って歯磨きをすると，子どもは興味津々に口の中を覗き込んでくることが多い。そのとき，口の構造と歯の磨かれる様子をじっくりと見せ，「1，2，3，4」と声をかけながらブラッシングを行う。つられて歯ブラシを前後に動かしたり，じっと観察してまねようとし始めたらしめたものであ

じっくり見せてまねを誘う

る。大人が付き添い，ともに取り組むことが，望ましい生活習慣につながるのではないかと考える。

3　効果的に実践する原則

(1)　子どもの「今」をとらえる

多くの大人が子どもに対して「望ましい生活習慣をつけたい」という願いをもつ。基本的生活習慣が学習の土台となるスキルだと考える人も多いだろう。就学前にきちんと確立することが大事だと唱える教育書もある。「きちんと，しっかり」「みんなと同じように」と生真面目に願うほど，子どもがそのようにできないと大人は焦りを感じてしまう。大事なのは，そのような願いを抱きつつ，次の3点に注意していくことである。

○子どもの今の様子から次のステップを考える（ねらいの設定）
○子どもが取り組みやすいよう，一工夫（指導支援のプロセス）
○厳しく，温かく，諦めずに根気強く向き合う（大人の関わり）

---

(2)　「できる」ということ

現代の教育で最も重視されやすいのが，「できる」ということである。できるようになるために，いろいろな教材・教具の開発や指導の方法の工夫がなされている。

「できる」ことを追求していくと単に「できる」だけでなく，「自分でできる」「1人でできる」ことが求められる。これは，けっして悪いことではないが，この通りに「できない」場合，「よくないこと」と見なされやすいことに問題がある。さらに「早くできる」ことも同様に求められ，所定の時間内に「みんなと同じようにできない」ことを問題視されやすい。

みんなと同じように「できない」ことに目を向けるのではなく，「時間をかければできる」「ちょっと助けてもらえればできる」「ここに工夫があればできる」ということに目を向けることで，大人が子どもを認めることができる。

大人が心から認めることで，子どもは自分自身を認めることができる。自分自身を認めるという気持ちが育つには，時間を要するものではあるが，将来にわたり自分自身を支える源になるものである。日常のほんの些細な一場面でも，当たり前にできることと決めつけず，大人は根気強く寄り添っていきたい。

(3) 将来に向けて

　基本的生活習慣が確立するということは，子どもが「できるようになる」過程で，達成感と自信を体験するということでもある。この体験は，その後の学習や将来仕事をする上でつまずくことがあっても，「できるようになる」ことを本人が望む土台となるものである。基本的生活習慣の確立を「将来にわたり必要なスキル」という技術面だけではなく，「できるようになることの喜びを知り，自立への自信を付ける機会」ととらえたい。そして，できるようになる喜びが本人の自信につながるととらえ，基本的生活習慣の確立を目指し，指導していきたい。

第5章

音楽遊びをしよう

1　幼児期の音楽表現

(1)　音楽表現の意義

　幼児期は，生活を主体として直接的，具体的な経験を多く積んでいくことが望まれる時期である。幼児は，生活経験を広げていくことをとおして，心身の発達を遂げていく。幼稚園教育要領（2008）では，幼児が身につけていくべき発達の側面が健康，人間関係，環境，言葉，表現の5つの領域に分けて示されている。
　幼児期の音楽表現については，主に「表現」という領域に関連づけることができる。具体的な内容としては，"生活の中でさまざまな音に気づくこと"，"感じたことや考えたことを音や動きなどで表現すること"，"音楽に親しみ，歌を歌ったり，簡単なリズム楽器を使ったりなどする楽しさを味わうこと"，の3つが深く関わっている。
　「表現」とは，自分が感じていること，考えていることを表すことである。その手段は，表情，身ぶり，言葉，動作などさまざまである。音楽は，それらの表現活動を引き出したり，広げたりするための媒体となりうる。音楽を媒体とした表現活動を経験することにより，幼児は，表現することの楽しさや喜びを味わうことができる。表現する力を育むことは，身体の動きや身体意識，発声を促すことができ，それは自己を表現することを知ることにもつながると言える。

(2)　他者との関わりを育む

　幼児期の音楽表現は，「遊び」をとおして経験する。遊びは，幼児が主体的に活動できるように，発達に適した教材・教具や環境を設定しなければならない。幼児が興味・関心をもち，遊びたいという気持ちを引き出せるような工夫をすることが必要である。
　環境の構成は，物的あるいは空間的なものだけではない。教員自身も，環境に大きく関わってくる。教員自身がどのように音楽を楽しんでいるのか，どのように音楽に関わっているのか，ということが幼児の音楽表現を促すことへつながる。音楽を用いた遊びは，音楽そのものの音色やリズムを楽しむだけでなく，それらをとおして教員とのやりとりを楽しんだり，関わりを深めたりすることもできる。

さらには，友だちとの関わりを育むための手段となりうる。つまり，友だちの存在を意識したり，友だちと関わることの楽しさを体験したりできる。友だちと一緒に音楽遊びを楽しむことは，その楽しさを共有するだけでなく，幼児自身の音楽表現を互いに育み合うことも期待できる。

2　特別支援学校幼稚部での「音楽・リズム遊び」

(1)　幼稚部の概要

　東京学芸大学附属特別支援学校（以下，本校）は，主として知的障害のある幼児・児童・生徒が在籍する特別支援学校である。設置されている学部は，幼稚部，小学部，中学部，高等部の4学部である。本校は，東京都の北西部に位置し，豊かな自然に囲まれた環境にある学校である。身近な環境で四季折々の自然に触れ合えることは，本校の教育活動の有効な教材となっている。

　本校の幼稚部は，4歳児と5歳児の知的障害幼児（定員6人）が在籍している。幼稚部の教育は，幼稚園教育要領で示されている5領域の発達的視点を大事にしながら，教育課程が編成されている。

　幼稚部は，幼児にとって楽しく生活を送れる場であることを基本とし，学校に毎日楽しく通うことで生活のリズムを整え，基礎的な体力を養い，生活に必要なことを体験的に学習できるようにしている。毎日の生活の中で，着替え，食事，排泄などの身辺面の技能を繰り返して経験し，自分のことは自分でするという気持ちを育てていくことを大事にしている。

　また，身近な大人や友だちとの関わりを大事にし，日々のさまざまな活動の中で，教員や

表5-1　幼稚部の週時表

	月	火	水	木	金
9:00	個別の時間（課題／面談）				
9:30	登校・朝のしたく	登校・朝のしたく	交流 ※市内の保育園で過ごす	登校・朝のしたく	登校・朝のしたく
10:00	自由遊び	自由遊び		自由遊び	自由遊び
10:30	朝の集まり	朝の集まり		朝の集まり	朝の集まり
11:30	課題遊び	課題遊び		課題遊び	課題遊び
13:00	給食・昼休み	給食・昼休み	12:15 下校	給食・昼休み	給食・昼休み
14:00	自由遊び／個別の時間／帰りのしたく	自由遊び／個別の時間／帰りのしたく		自由遊び／個別の時間／帰りのしたく	自由遊び／個別の時間／帰りのしたく
	下校	下校		13:30 下校	下校

友だちと一緒に活動を楽しめるように学習や遊びの場を設定している。また，他者との関わりをとおして，自分の意思や要求を伝えたり，表現したりできるように場面を設定するようにしている。

表5-1に，幼稚部の週時表を示す。

(2) 「音楽・リズム遊び」の位置づけ

本校幼稚部での「音楽・リズム遊び」は，「課題遊び」の1つとして位置づけられている。課題遊びは，自然・季節行事的な内容のもの（7月「水・プール」，11月「いもほり」など）が年間をとおして設定されている。その他に，造形遊び，運動遊びも設定されており，それらは自然・季節行事的な課題遊びの内容と関連づけて行ったり，年間をとおして活動を設定したりしている。

教育課程上では，以上のように「音楽・リズム遊び」を位置づけているが，本校幼稚部では，課題遊び「音楽・リズム遊び」としての時間だけでなく，自然・季節に応じて，あるいは日常生活をとおして，それらと密接に関連づけながら，さまざまな活動の中に音楽を取り入れている。

(3) 「音楽・リズム遊び」の指導内容

本校の幼稚部での課題遊び「音楽・リズム遊び」の指導内容を具体的に紹介する。「音楽・リズム遊び」での主なねらいは次の2点である。
① 日常生活の中で音楽に親しみ，歌やリズミカルな動きを楽しむことができる。
② 楽器に触れ，音色を味わったり叩いたりして親しむ。

指導内容と活動例は，表5-2（次頁）に示す。活動例は，活動内容の一部であり，幼児の実態や音楽への興味・関心などに応じて内容を検討している。

3　音楽表現を育む遊び─実践の紹介─

(1) わらべうた遊び

わらべうたは，旋律が単純で音域が狭いという特徴がある。また，曲が短いため，繰り返して何度も歌える。幼児にとってわかりやすいという利点がある。幼稚部では，いくつかのわらべうたを遊びの中に取り入れた。

まず，「なべなべそこぬけ」である。遊び方は一般的に知られているものである。2人が1組になって両手をつなぎ，曲に合わせて両手を左右に揺らす。「なべなべそこぬけ，そこがぬけたらかえりましょ」の「かえりましょ」という歌詞に合わせて，手をつないだまま互いに

表5-2 「音楽リズム遊び」の指導内容および活動内容

指導内容	主な活動内容
活動を促す手立てとして歌に親しむ。 歌や曲を手がかりにして見通しをもつ。	例:「給食の歌」「手をつなごう」「線路は続くよどこまでも」など ・歌を歌ってから挨拶を行い,言葉や動作での表現を促す。 ・「線路は続くよどこまでも」「さんぽ」は並んで移動するときなどに用いる。
ピアノや歌に合わせて簡単な手遊びをする。	例:「あんぱんまん」「グーチョキパーでなにつくろう」「幸せなら手をたたこう」「お弁当箱のうた」「野ねずみ」,わらべうた遊び ・簡単な動きを歌に合わせて行い,身体の各部位とその名称を一致させたり,リズミカルに手指を動かしたりして楽しむ。
課題遊びに関連した曲を歌おうとしたり,リズムに合わせて身体を動かそうとしたりする。	例:動物園遠足;「動物さんのあいさつ」,水・プール遊び;「楽しいプール」,いもほり;「やきいもグーチーパー」「おいもほりにいこう」 ・活動の導入やテーマソングとして歌う。活動への期待感を高める。 ・簡単な繰り返しのある曲,リズミカルなかけ声が含まれる曲,動作を伴う曲を選ぶ。
季節や行事に関する歌や曲に触れ,自然に親しむ。	例:「チューリップ」「こいのぼり」「七夕」「しゃぼん玉」「まっかな秋」「もちつき」「豆まき」「こんこんくしゃん」「ひなまつり」「北風小僧の寒太郎」「一年生になったら」 ・具体的な場面で実物やイメージを喚起できるものを準備する。
早い,遅い等のテンポある音楽に親しむ。 好きな曲のリズムで踊りを楽しむ。	例:自由遊び「ペキンダック」「ミックスジュース」「とんぼのめがね」「かごめかごめ」「ひらいたひらいた」「ぐるぐるどかーん」「おでんグツグツ体操」「みんなとあそぼ」 ・子どもが好きな曲をリクエストできるように環境をつくる。
楽器に触れたり,叩いたりして楽しむ。	例:「大きな太鼓」「山の音楽家」「おもちゃのチャチャチャ」 ・ベルハーモニー,太鼓,タンバリン,鈴,レインスティック(太くて長いラップの芯に楊枝を何本か挿し,芯の中に米,小豆,細かく切った楊枝を入れ両端にふたをした手づくり楽器。ゆっくり振ると雨や波の音に似た音がする)などの楽器に触れる。 ・簡単な曲に合わせて叩いたり,楽器の音色の違いに気づかせたりする等の活動をする。

半回転して背中合わせになるといった遊びである。

　教員あるいは友だちと手をつないで触れ合ったり，手を揺らしたりすることで，互いを意識することができ，その遊びの楽しさを共有できる。手をつないだまま半回転する際に回る方向がわからない幼児もいたが，教員が少しだけ手を添えて回る方向を示してあげると，身体の向きを変えることができた。

　幼児は，この遊びを繰り返すうちに，組になりたい相手を自ら選んで遊ぼうとするようになった。さらには，歌のフレーズを覚えて，自由遊びの場面で歌ったり，教員や友だちに「なべなべそこぬけ」で遊びたいという意思を伝えてきたりする幼児もいた。幼児にとって，親しみのわく遊びであった。

　また，「くまさんくまさん」（わらべうた）という遊びも行った。「くまさんくまさん」は，わらべうたの中でも，なわとびうたとしても知られている。幼稚部では，なわとびを使わない身体遊びとして取り組んだ。

　「くまさんくまさん，まわれみぎ，くまさんくまさん，りょうてをついて，くまさんくまさん，かたあしあげて，くまさんくまさん，さようなら」という歌詞に合わせ，「くまさんくまさん」の部分では手拍子をし，他の部分では歌詞のとおりに身体を動かす。手拍子をした後に身体を動かすといった流れが繰り返されるため，幼児にとっては覚えやすい遊びであった。

　幼児は最初，教員の動きを模倣することから始め，次第に，教員の動きを見なくても遊びを楽しめるようになっていった。リズムに合わせて身体を動かすことの楽しさを味わっている姿が見られた。

(2) 「動物さんのあいさつ」—動物の鳴き声をまねしよう—

　「動物さんのあいさつ」は，動物のお面を顔につけながら，曲に合わせて動物の鳴き声をまねする遊びである。動物のお面の種類は，ぶた，かえる，ひつじなどで7種類程度ある。この曲は，「ブーブー」，「ゲロゲロ」，「メーメー」というように，動物の鳴き声を発することを楽しめる。表出言語が未熟な幼児であっても，遊びの中で発声を促すことができる。

写真5-1　動物のお面

　幼稚部では，この遊びを主に課題遊び「動物園遠足」と結びつけて行っている。課題遊び「動物園遠足」は，5月上旬～下旬にかけて設定している。この時期に動物園へ遠足に行くことに関連づけた遊びの内容となっている。

　この遊びでは，あらかじめさまざまな動物のお面を準備しており，幼児は自分でつけたい

お面を選び，1人ずつその遊びを楽しむことができる。他の幼児は友だちが遊んでいる様子を見ていると，自分もやってみたいという気持ちになり，やりたいという意思を伝えてくることが多い。互いに動物のまねをする様子を見合うことで，遊びのおもしろさに気づくことができる。

　幼児の中には，自由遊びの場面で，動物の鳴き声をまねして遊び始める幼児もいた。動物になったふりをして，教員や友だちを追いかけて遊んでいるのである。教員が動物のふりをしている幼児に話しかけると，幼児は動物の鳴き声をまねし続けた。さらには，教員が身体全体を使って動物の動きを身ぶりで示すと，幼児もまねをして身体を十分に動かして動物のまねをして楽しんでいた。

　また，実際に動物園へ遠足に出かけた際，目の前にいるひつじに対して，「メーメー」と話しかけようとしている幼児の姿もあった。ひつじに名前をつけたり，自分の名前を話したりしながら，動物とのやりとりを楽しもうとしていたのである。動物への興味・関心が広がり，動物に対しても優しく接しようとする気持ちの現れであると感じた出来事であった。

　このように，音楽遊びは，幼児の生活場面にも反映されていくと同時に，さまざまな体験が結びつくことによって発展していく遊びであり，身近な物への興味・関心の広がりをもたらすことができるというよさもある。

(3)「朝の集まり」での音楽遊び

①「朝の集まり」について

　「朝の集まり」は，年間をとおして設定されており，毎日，同じ時間帯に行っている。同じ時間帯に取り組むことは，生活のリズムをつくると同時に，生活への見通しや活動への意欲を育てることができると考える。活動は，「友だちと一緒に楽しむ（場・体験・遊びの共有）」の指導場面として設定されている。活動内容の多くは，幼児が好きな歌や手遊び，音楽に合わせたパネルシアターを楽しむ時間となっている。活動内容およびねらいは，表5-3のと

表5-3　「朝の集まり」の活動内容・ねらい

活動の流れと内容	ねらい
①「はじまるよ」（歌・手遊び）	はじまりの理解と発声・模倣
②「バスバス走る」（ハンドルを操作する歌遊び）	教員や友だちとのやりとり
③挨拶・呼名	挨拶の動作・姿勢・発声，友だちへの興味・関心，呼名への応答
④「がんばりまん」（歌・手遊び）	発声・模倣
⑤歌のリクエスト（歌・手遊び，パネルシアター，絵本）	好きな歌の選択（要求表現），手続きの理解，発声・模倣，注視，興味・関心の広がり

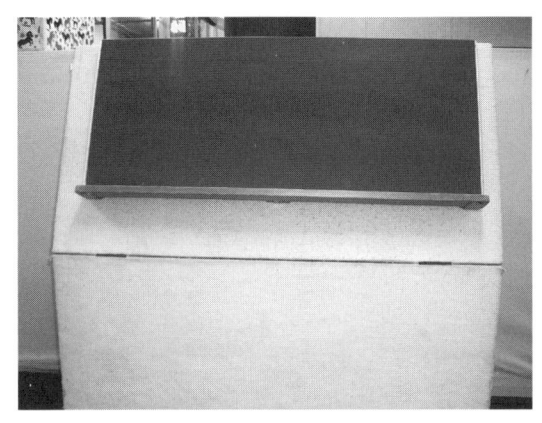

写真5-2　リクエストボード

写真5-3-1　歌カード「がたがたバス」　　写真5-3-2　歌カード「ふしぎなポケット」

おりである。

②　「歌のリクエスト」をとおした音楽遊びの広がり

「歌のリクエスト」は，「朝の集まり」の中心的な活動である。幼児一人ひとりが好きな歌を選び，選んだ歌をみんなと一緒に楽しむという時間である。

「歌のリクエスト」では，まず，教員がリクエストボード（写真5-2参照）に，3枚（幼児によっては2枚）の歌カード（写真5-3-1，2参照）を提示する。幼児は，挙手をして提示される歌カードの中から自分がやりたいと思うものを選ぶ。

提示する歌カードは，おおよそ年間を通じて取り上げているもの，あるいは自然・季節行事と関連づけたものが準備されている。年間で準備されている歌の種類は表5-4のとおりである。音楽遊びの形態は，手遊び，ふれあい遊び，パネルシアター，道具を用いた遊び，身体を動かす遊びなどさまざまである。

幼児は，好きな歌を選び，みんなと一緒に遊びを共有することを繰り返すことによって，多くの音楽遊びに触れ合うことができる。楽しかったと実感できる経験を繰り返すことが，幼児の音楽表現をより豊かなものにしている。また，友だちが選んだ歌遊びを知り，そのお

表5-4 「朝の集まり」年間リクエスト曲

	歌・手遊び	パネルシアターを使った歌遊び	ふれあい遊び・身体遊び
春	・アイアイ ・あたま・かた・ひざ・ポン ・一本橋こちょこちょ ・いとまき ・コロコロたまご ・魚がはねて ・手をたたきましょう ・トントントンアンパンマン ・パンダうさぎコアラ ＊お弁当箱のうた ＊たまごたまご ＊チョウチョ ＊動物園に行こう ＊動物さんの挨拶 ＊ぽかぽかてくてく	・象さんの帽子	・うさぎがぴょん ・おでんでんぐるま ・がたがたバス ・シーツブランコ
夏	・犬のおまわりさん ・おばけのうた ・グーチョキパーでなにつくろう ・幸せなら手をたたこう ・数字のうた ・どんな色が好き ・パン屋さんにおかいもの ・ぽっつんつん ・やさいのうた ・ラーメン ＊かえるのうた ＊たなばた	・キャベツの中から ・カレーライスのうた ・野ねずみ ・ふしぎなポケット ・ミッキーマウス ＊かたつむり	・自転車リンリンリン ・トンボの眼鏡 ＊たのしいプール
秋	・山の音楽家 ＊大きな栗の木の下で ＊おいもほりにいこう ＊どんぐりころころ ＊ぽかぽかてくてく ＊まつぼっくり ＊やきいもグーチーパー	・おはなしゆびさん ・奈良の大仏さん ＊デブいもちゃんチビいもちゃん	・かなづちとんとん ・くまさんくまさん ・なべなべそこぬけ
冬	＊あわてんぼうのサンタクロース ＊１年生になったら ＊北風小僧の寒太郎 ＊たこあげ ＊ひなまつり ＊もちつき	＊こんこんくしゃん	・線路は続くよどこまでも

＊マークのある曲は季節で提示するカード。ない曲は年間を通して提示。

もしろさに気づいたり，自分も遊んでみたいという意欲や期待感をもつことを味わったりすることもできる。「朝の集まり」での音楽遊びは，音楽表現を育んだり，遊びを広げたりする時間となっている。

4 幼児の「生活づくり」を支える音楽遊び

(1)「生活づくり」を支える

本校幼稚部では，活動（その活動のはじまり，あいさつ，片づけや歯みがきといった生活習慣など）を促す手立てとして，学校生活の中に歌を多く取り入れている。そのような働きかけは，幼児に活動を知らせる手段となったり，言葉や写真・絵カードでの指示を補助する伝達手段となったりしている。音楽を手がかりの1つとすることで，幼児は主体的に活動に取り組めたり，生活への見通しをもったりすることができるようになる。

本校幼稚部での音楽遊びは，幼児の「生活づくり」を支えていると言っても過言ではない。幼児にとって，「生活づくり」は，日常生活の大事な柱となっている。幼児期は，生活のリズムを整えるだけでなく，日々繰り返される生活をとおして，生活に必要なさまざまな習慣，技能，意欲を育てていくことが求められる時期である。

「生活づくり」にとって重要な視点は，繰り返して体験していくことである。繰り返して取り組むことにより，幼児が自らわかって行動できたり，「できた」「楽しかった」などといった気持ちを実感できたりする。そのような場面を支えているものの1つが音楽である。幼児が楽しみながら生活を送れるように，また，生活に必要なことを身につけていけるようにするための手段としての音楽のもつ意味は大きい。

(2) 他者や物との関わりを広げる

幼児期は，他者や物との関わりを経験的に学んでいく時期である。その関わりを広げていくことも音楽遊びの要素に含まれていると言える。

幼児にとって，身近な他者は，家族，教員や友だちである。幼児は，さまざまな活動や遊びをとおして，他者と一緒に活動することの楽しさを味わっていく。音楽遊びは，両者をつないだり，関わりを深めたりするための活動となっている。

また，身近な物への興味・関心を広げる役割をもっている。音楽遊びに出てくる言葉や物の名前を具体物と結びつけたり，自然や天気と結びつけたりすることができる。幼児は，遊びをとおして物の名前に触れ，身近な物との関わりを広げているのである。

(3) 遊びの広がりや発展

　学校生活で経験した音楽遊びを，自由遊びの場面や家庭で楽しんでいる幼児の姿がある。一人遊びとして楽しんでいる場合もあるが，周りの大人に遊びの共有を求めてくることが多い。幼児のありのままの姿からも，繰り返して遊ぶことの意味を再認識することができる。
　幼児が，「楽しい」，「また遊んでみたい」という気持ちを味わえるような遊びを設定していくことは，幼稚部での「授業づくり」において大事な視点である。教員は，幼児の姿から，遊びに必要な題材をとらえていかなければならない。そして，その遊びが幼児の生活と密接に関わっていたり，身近な他者や物と結びつけたりしていけるように工夫する必要があると言える。

＊付記
　ここで紹介した実践は，これまでに本校幼稚部に関わってきてくださった方々によって築かれてきたものである。

【参考文献】
・文部科学省（2008）『幼稚園教育要領解説』フレーベル館
・東京学芸大学附属特別支援学校（2009）「東京学芸大学附属特別支援学校研究紀要」No.53
・日本学校音楽教育実践学会編（2002）『障害児の音楽表現を育てる』音楽之友社
・高橋浩平他編著（2007）『特別支援教育の子ども理解と授業づくり』黎明書房
・東京学芸大学実践研究支援センター・東京学芸大学附属特別支援学校（2009）『知的・発達障害のある幼児の発達支援プログラム　あそび活動事例集』東京学芸大学実践研究支援センター

第6章 造形遊びをしよう

1　表現する

　本来，幼児は創造力があり，イメージ豊かで，絵を描いたり，ものを作ったり，造形遊びをしたりすることは大好きである。夢中になって，ああでもない，こうしてみようと素材と格闘する中で，創造する力，工夫する力，そして生活能力を培っていく。

　そういった意味で，造形活動は子どもたちの表現を自由に引き出せる活動の1つであるが，経験が少なくイメージをもちにくい子どもたちにとっては，自由に表現するということは，取り組みにくく広がりも少ない活動と言える。

　そこで，子どもたちが興味・関心をもって取りかかれるような素材や材料の工夫，指導方法の工夫が必要になってくる。子どもたちが，意欲的にいろいろな活動を経験することによって，表現の広がりも出てくると思われる。また，表現する喜びを十分味わうことによって，豊かな表現力が育ち，人格形成の基礎を培うことにつながると考える。

　以下，香川県立香川中部養護学校幼稚部での実践を紹介し，造形活動を組み立てる上で大切にしている点を挙げる。

2　興味をもたせる単元設定の工夫

　造形活動を計画する段階で，作品作りを中心に考えることが多い。しかし，子どもたちに経験させたい素材や材料を中心に単元設定を考えることもおもしろい。ここでは，単元設定の具体例を紹介する。

(1)　絵の具と筆を使って

　絵の具は，クレヨンやパスに比べて色が混ざったりにじんだりして扱いにくいところがある反面，大胆に描いたり色づけしたりして変化を楽しめる素材でもある。少しの働きかけで変化が大きい絵の具は，のびのびと表現してみようという意欲をかき立てられる素材であると考える。

　本単元では，絵の具や筆を使っていろいろに塗る活動を楽しむことを目標に，計画を立てた。

子どもたちは，ただ四角い画用紙を与え自由に描かせると，何を書いていいかとまどってなかなか取り組めなかったり，いつも同じ筆の使い方，塗り方しかできなかったりする。そこで，四角い画用紙に筆で描くだけではなく，丸い用紙に描く，ドーナツ型の紙に描く，長い紙に描く，立体に描く等，子どもたちに経験させたい物や，おもしろく興味をもって取り組める物を考えて以下のことに取り組んだ。

第1次　丸い紙にかこう
第2次　長い紙にかこう
第3次　いろいろな形を塗ろう

　丸い紙では四角い画用紙とあまり変わらない塗り方，描き方をしていたが，紙の真ん中に穴を開けてドーナツ型にすると，円を描くように真ん中にはみ出ないように意識して取り組んでいた。
　紙を細長くつなげた物にすると，それまで手元で短い線しか描けなかった子どもが，自然と長い線を描くようになり，紙に沿って移動して描くこともできた。
　指導者が見本を示すときに，長い線を描いて電車や車を走らせて見せると，長い線を2本書いて線路に見立てた子もいた。子どもの視線が手元だけではなく長い紙の先まで広がって，子どもの興味・関心やイメージがどんどんふくらんでいく様子が見られた。
　箱等の立体の物に塗る活動をすると，それまで一面しか気づいていなかった子どもが，側面や裏面があることに気がつき，塗りやすいように横にしたりひっくり返したり，また筆の持ち方や塗り方に工夫をしたりして，取り組むことができた。他の友だちが塗っている様子を見て，同じようにしようとしていた子もいた。
　また，それまでは一人ひとりに個別に材料を渡して1人ずつの作品を作っていたが，同じ机に向かって一斉に色を塗る，みんなで協力して1つのものを作るなど，自分のものという区別がなく何人かで一斉に1つの物に取りかかるという活動もおもしろかった。それまでに取り組んだことのない設定に，それぞれが興味をもって取りかかり，お互いの活動に関心をもって取り組めたのもよかった。

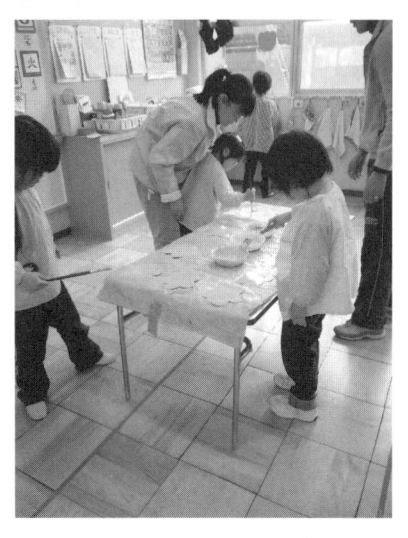

(2) 絵の具を楽しむ

　本単元では，絵の具の感触や変化を楽しめるような計画を立てた。指や手など自分の体を使って色を付ける経験や，絵の具の濃さによってヌルヌルした感触やさらさらした感触を楽しむことを目標に取り組んだ。絵の具の楽しさを味わうことで，その後の表現活動につながるよい経験となるのではないかと考えた。ダイナミックな活動ができる単元である。

第1次　タンポでとんとんとん（デカルコマニー）
第2次　筆でぬりぬりぬり
第3次　大きい紙にひろげてひろげて（はじき絵）
第4次　絵の具をたらーり，手でもたらーり（絵の具たらし遊び）
第5次　からだに絵の具をぺったんこ（ぬたくり遊び）

　本来なら絵の具に触って感触を楽しむことにまず取り組ませたいところだが，子どもによっては手や体に絵の具がつくことに抵抗がある場合がある。今回も，子どもの実態に合わせて初めは道具を使った活動から取り組んだ。

　絵の具の濃度によっても違いが出てくるので，はじき絵をするときは少し薄めにする，斜面にたらすときは濃すぎず薄すぎずゆっくりたれるように，とそれぞれの活動に合わせた濃度を工夫して取り組んだ。

　また，紙の大きさも活動に影響するので，1人1枚の紙に取り組むだけでなく，だんだん紙を大きくしていき，みんなで1枚の大きな紙に取り組むようにしたことで，子どもたちが次第に大胆に取り組めるようになっていった。

　夏に，水着に着替えて取り組んだことで，汚れを気にすることなく主体的に生き生きと活動に参加することができた。いつもは自分から絵の具に触れなかった子どもが，絵の具がたれたり床にたまったりする様子を見て興味を示し，自分から触りに行くなど，子どもたちの表現したい気持ちがとてもよく現れる活動だった。

水着になって大胆に。
絵の具が流れてもいいように，屋外で取り組む，シートを敷く等をすると，指導者も大胆に活動できる。

3　わかりやすく取り組みやすい教材・教具の工夫

　子どもが興味をもち意欲的に取り組むためには，子どもにとってわかりやすい教材・教具であることが大切である。教材・教具に子どもたちの好きな（知っている）キャラクターや食べ物のイラストなどを使ったり，動きのおもしろいもの，形のおもしろいもの等を使ったりすることは，子どもたちの興味・関心を引き，やりたいという気持ちを高めることに有効である。

(1) ケーキをつくろう

　この活動に取り組む少し前に，運動会の親子演技で，「ケーキをつくろう」をテーマに活動していた。どの子も活動に楽しんで参加し，ケーキのイメージももつことができていたので，造形活動として，ケーキのトッピングを作る活動に取り組んだ。

　トッピングには子どもたちの好きな果物や，形がおもしろいぺろぺろキャンディーやろうそくの形を用意し，その中から選んで色を塗った。形だけではイメージがもちにくい子どもには，縁取りしたり下絵を描いたりした物を提示して，取り組みやすいようにした。

| 白い画用紙を貼ってぶどうらしくした。 | バナナのイメージがしやすいように縁取りをした。 | 螺旋を描くことでろうそくのイメージに。 |

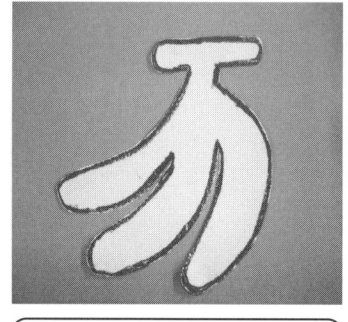

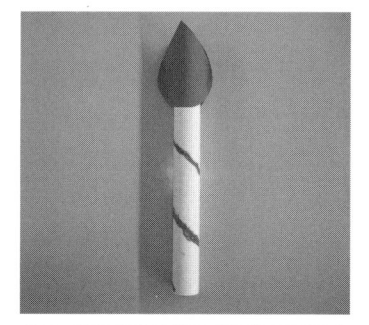

　ケーキが出てくると，どの子も早くやりたいと自分から意欲的に手を伸ばし，取り組む様子がうかがえた。

　好きな果物を選んでしっかり塗り込んだ子ども，珍しい形の物を選んで，自分なりに塗り方を工夫して熱心に塗ることができた子ども等，どの子も集中して取り組めた。できたトッ

ピングをケーキに飾って完成させ，それをみんなで見ながらケーキの歌を歌うことで，子どもたちの喜びも増し達成感も味わうことができた。

(2) 凧をつくろう

カラーポリ袋にマジックで描いたりシールを貼ったりして飾り，それを凧に仕上げた。

子どもたちは「たこあげ」と聞いてもイメージできにくいので，導入として「たこあげ」のBGMをかけながら目の前で少したこあげをして見せ，楽しい雰囲気をつくって興味をもたせるようにした。

教材の工夫としては，油性ペンで描く際に自由に描くことが苦手な子どもには，下絵を描いて塗るところがわかりやすいよう支援するなど，無地のビニールよりも興味をもって取り組めるよう配慮した。

シール貼りは，子どもたちの好きな物やキャラクターのシールを準備して，意欲的に取り組めるようにした。

できあがった凧を使って実際に戸外でたこあげを経験することで，子どもたちのたこあげのイメージも明確になり，より楽しむことができた。

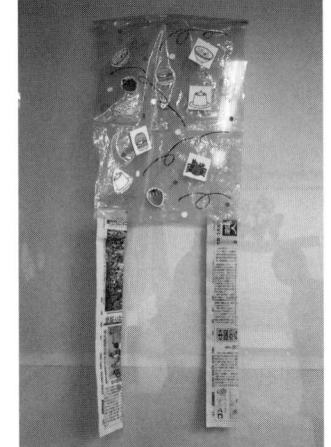

4　子どもが主体的に行動できる環境設定の工夫

子どもたちが自ら自由に表現できるためには，興味をもって意欲的に活動できるような，わかりやすく取り組みやすい環境設定の工夫が必要であると考える。

(1) 活動態勢を整える環境設定の工夫

① 活動に取り組みやすくする設定として，指導者や友だちの活動に注目しやすい机の配置を考えたり，余分な刺激を減らすためについたて等を使ったり，活動ごとに場所を決めておいたりすることが有効である。

② 座る位置にマークを付ける，スケジュールを知らせるなど，物理的な構造化を行ったときに，そこに使われるマークや数字，スケジュールなどの意味を理解することが必要になってくる。

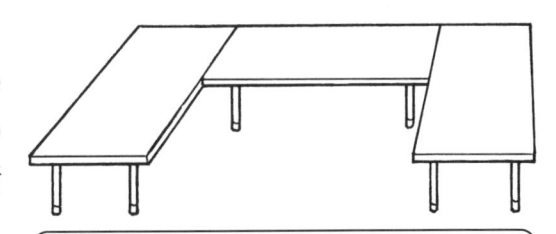

> どの子どもからも指導者が注目でき，他の子どもたちの活動も見える机の配置。机上には毎回ブルーシートを敷き，子どもたちの座る位置を示すマークを貼っている。

そのためには，マークの位置に座る，数字の順番に活動するなど，日ごろからそれらを使うことで，子ども自身が理解していることが大切である。

③ 子どもが今の環境をどのように理解しているかを評価し，それに応じて個々に合った環境設定を行うことが必要である。

たとえば，造形の時間には毎回机上にブルーシートを敷き，造形活動が始まることがわかりやすいようにしたり，活動する場所と作品を鑑賞する場所を区別することで，活動の切り替え（終わり）がわかりやすいようにしたりなど，子どもの実態に応じて工夫することが大切である。

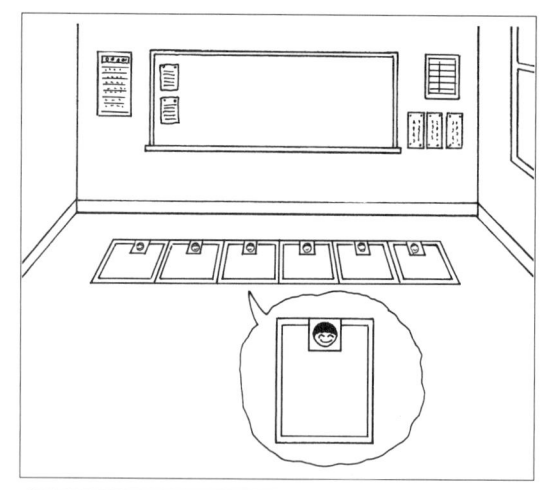

いすを置く位置に子どものマークを付けたシートを敷くことで，自分の座る位置がわかって自分でいすを持って行ける。

④ 支援を受けながらでも，活動の最初から最後までを子ども自身で行うことが大切である。そのために，1人で準備や片付けができる設定の工夫が必要である。

道具やスモックを片付ける場所がわかるように，それぞれの片付ける場所に写真を貼ったり，何を準備したらいいかわかるように準備のかごに必要な物の写真を貼ったりした。

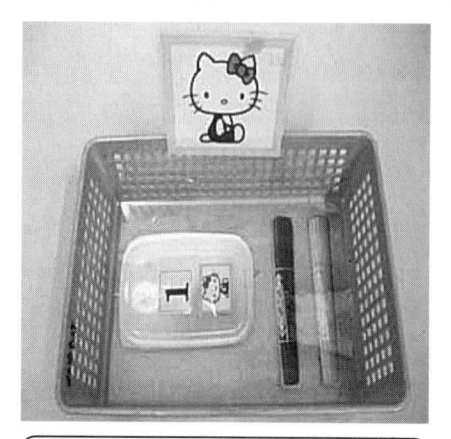

準備物を取ってくるかごに，何を取ってくるかわかるよう写真が貼ってある。

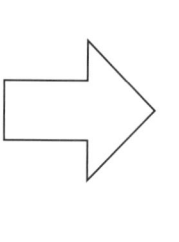

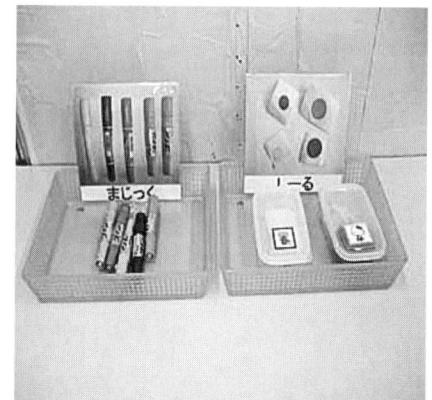

取りに行った先でマッチングして取ってくる。

(2) 活動の流れを理解して取り組めるようにする工夫

スケジュールや写真カード等でその時間の活動の流れを伝えるようにする。その意味を十分に理解できない場合でも，「本時の活動の見本を見る→活動に取り組む→みんなの作品を確認する→片付けをする」など，毎回の活動の流れをパターン化することで見通しをもって

取り組むことができるようにする。

> その時間の活動を絵カードや写真カードで知らせる。

1	おはなしをきく
2	ぬ　る
3	かざる
4	スモックをぬぐ

5　指導者間の連携の工夫

(1)　集団を意識した取り組み

　造形に限らず集団で活動することは，子どもたち同士が互いに影響を受け合うというよさがある。作品作りの途中で，他の子の様子を見ることができる配置を考えることも大切だが，活動中は自分の作品に熱中し他の子の作品を見ることが難しい場合も多い。

　そこで，
・製作の場面と鑑賞の場面を分ける。
・できあがった作品を飾っておいて，移動して見る。その際，工夫しているところなども指摘する。
・1つ作ったら飾る所へ持って行って，それから次のをもらってまた作る，ということを繰り返す。
という方法もある。

　こういう工夫をすることで，指導者の声かけの仕方やタイミングで，子どもたちに他の子のよさに気づかせることができる。

(2)　チーム・ティーチングの有効活用

　子どもが1人で行動できるように，指導者と指導者が間をつないでいくことが大切である。たとえば，準備物を取りに行くときは，指導者が「行っておいで」と行き先を伝えて送り出し，準備物のそばにいるもう1人の指導者が「おいで」と呼んで受け入れるようにする。子どもが自分で行動できるように指導者間の連携を図ることで，1人でできたという達成感を味わい，より意欲的に取り組めるようになると考える。

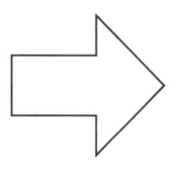

活動の場所で手形を取ったら，作品を置く場所まで1人で持って行く。活動の場所にいる指導者が，シートを指さして持って行く方向を示し，シートのそばにいる指導者が呼ぶ。少しの距離だが，1人で行動できたことが自信にもつながる。

6 おわりに

　子どもの自主性や主体性を生かしながら，のびのびと，表現できる力をどのように育てていくのか。また，子どもの表現したいという気持ちをどう受け止め，環境を整えるのかを考えなければならない。そして，その伝えたい気持ちを理解し，適切に援助してくれる人がそばにいることで，子どもの内面は豊かに育まれていく。

　子どもの表現は，指導者の指導観や指導の方法に影響を受けるので，指導者が豊かな感性をもつことが大切である。指導者の豊かな感性と環境が，子どもの感性をゆさぶり，表現活動を豊かにする。指導者は，子どもの気持ちに共感し，子どもの要求に素直に答えられる豊かな感性の持ち主であることが望ましい。

【参考文献】
・東山明監修（2006）『幼児の造形ワークショップ3―基本と展開編―』明治図書
・金子光史（2008）『アートびっくり箱』学習研究社

第6章　造形遊びをしよう

資料

単元　ケーキをつくろう（2時間）
　　　　　子ども：A～G　7名
　　　　　教員：T1～T5　5名

活動内容	支援の手だて
	・<u>机を並べ変えてブルーシートを敷くことで，造形活動が始まることをわかりやすくする。机は子どもたちに全体が見えるように，コの字に配置する（61頁参照）。座る場所がわかりやすいように，シートの上に子どものマークを貼っておく。</u> **活動時** 見本を示す机（活動が始まると，この机は斜線部分まで移動させ，材料や道具を準備して置く） 配置図：A（右上），F（右中），C（右下），B（下中右），D（下中左），E（左下），G（左中） ・造形用のスモックは，指導者が各自の席に広げて準備しておく。 ・タイマーや声かけで，準備ができたことを知らせる。 ・タイマーや声かけで活動の始まりが意識しにくいD，Eには，いすやスモックの写真カードを見せ，席についてスモックを着るように促す。
1　始まりの歌を歌う	・T1が「いとまきの歌」を歌うことで，造形活動が始まることを知らせる。 ・<u>スケジュールボードを見せながら，本時の活動の流れ（お話を聞く→飾りを塗る→飾って見る→片付けをする）を知らせる。</u> ・スケジュールには子どもにわかりやすいように写真カードを使う。 ・Eには個別のスケジュールカードを準備し，T2が間近で提示することで，本時の活動を確認する。
2　ペープサートを見る	・ペープサートをすることで，今日することを知らせる。 ・ペープサートの飾りには，本時に使う飾りと同じものを準備する。子どもたちがイメージしやすいように，実物に近い写真などを使う。

		・T3が「ケーキをつくろう」の曲をかけることで、楽しい雰囲気をつくるとともに、イメージをもちやすいようにする。
3 ケーキの飾りを塗る		・今回の活動が理解できるように、T1が見本の飾りを塗りホワイトボードに貼ってあるケーキに飾ってみせる。
・形だけではイメージをもちにくいので、いちごやばなな、ぶどうには赤色や黄色や紫色の縁取りをしておく。ろうそくには、らせんを書いておく。ぺろぺろキャンディーには渦巻きを書いておく。
・絵の具は適当な濃度に溶いてペットボトルに入れて準備しておく。
・絵の具入れは個別に準備し、選んだ飾りにあわせて絵の具を配る。
・絵の具が手につくのが気になるときにすぐ拭けるように、ぬらしたお手ふきを準備しておく。
・楽しく塗ることができるように、「ケーキをつくろう」の歌を歌ったり、「ぬりぬり」「ぺたぺた」など声をかけたり促したりする。
・広い範囲に色を塗れるように、声かけをしたり指差しをしたりして自分で気づくように促す。
	A（自閉症）	・前の机に置いた5種類の飾りの中から選んでくるようにT3が声かけをする。
・半立体を選んだときは塗れていない面に気がつくように、指で差したり声かけをしたりする。
・1つ目を塗り終わったら、かごに5種類の飾りを入れて提示して2つ目を塗るようにする。
	B（ダウン症）	・前の机まで飾りを選びに行くようにT4が声かけをする。
・選んだ飾りを持って席に着くようにT3が声かけをする。
・半立体を選んだときは塗れていない面に気がつくように、ポインティングしたり声かけをしたりする。
・塗ったことが実感しやすいようにハケも準備しておき、T4が様子を見て勧める。
	C（発達遅滞）	・車いす上で活動がしやすいように、画板を準備する。
・塗りたい飾りを手元で選べるように、飾りの写真カードを準備する。T5が写真カードを提示し、選んだものを用意する。
・1つ目を塗り終わったら、もう一度写真カードを提示して4種類の飾りの中から選んで塗るようにする。
	D（自閉症）	・塗りたい飾りを選べるように、3種類の飾り（いちご、ばなな、ぶどう）をかごに入れてT4が目の前に提示する。
・1つ目を塗り終わったら、同じ3種類の飾りを提示して塗るようにする。
	E（自閉症）	・塗りたい飾りを選べるように、5種類の飾りをかごに入れてT2が目の前に提示する。
・塗る気持ちを高めるためにT2がケーキの歌を歌ったり塗るものをイメージしやすい声かけをする。

第6章　造形遊びをしよう

		・1つ目を塗り終わったら，もう一度5種類の飾りを提示して塗るようにする。
	F (脳性まひ)	・手や腕の動かし方を考えて，塗る面が大きい飾りを2種類(ばなな，ぶどう)かごに入れてT4が目の前に提示する。 ・塗ることに集中しすぎると塗るもの全体が見えなくなる傾向があるので，T3が声かけをしたり塗ってないところをポインティングしたりしてできるだけ広く塗れるようにする。
	G (自閉症)	・塗りたい飾りを選べるように，2種類の飾り(いちご，ぶどう)をかごに入れてT1が目の前に提示する。 ・提示したものを選ばなかった場合は他の飾りを提示してみる。 ・1つ目を塗り終わったら，もう一度2種類の飾りを提示して塗るようにする。
	・できた順にT1が前に飾っていく。 ・それぞれ1つは自分でホワイトボードに持って行って飾るようにする。その際に，T1，T2，T5はクリップを飾りにつけて子どもが飾りやすいように補助する。飾った子どもの顔写真をケーキの周りに貼っていき，できたことを知らせる。 ・T3，T4は終わったものから絵の具を片付ける。	
4　できた作品を飾って鑑賞する	・A，B，D，E，Gは，飾り終わったらいすを持って鑑賞する場所に座るように促す。<u>移動する場所がわかりやすいように，いすを置く場所にシートを置く。</u> **鑑賞時** 　　ホワイトボード（ケーキの絵を貼っておく） 　　　　　　　　　　スモック入れ 　　　　　　　　　　　　　　　　手洗い場 　Ⓒ 　　Ⓐ　Ⓕ　Ⓔ　Ⓖ　Ⓑ　Ⓓ ・飾った後，待っている間にも楽しく待てるように，BGMはかけておく。 ・ほぼ全員の作品ができたところでT1がタイマーを鳴らして活動の終わりを知らせ，前のシートのところに座るように促す。 ・1人ずつの作品を紹介する。その際，顔写真を用いて誰がどの飾りを作ったか知らせることで，興味をもって見られるようにする。 ・Gは飾った作品を近くで見て楽しむので，無理に着席させることはせず，喜びを共有する。 ・全員の作品を紹介し終わったら，「ケーキの歌」を歌って完成を賞賛する。	

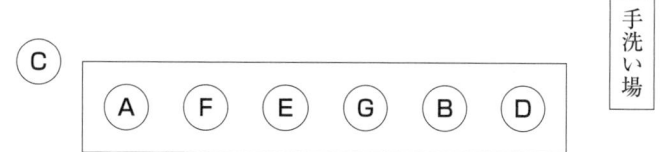

		BGMはT4がかける。
5 終わりのあいさつをして片付けをする		・スケジュールボードを示しながら,本時の終了を知らせて終わりのあいさつをする。
		・手を洗ってスモックを脱ぐことをカード等で知らせる。
		・スモックを脱いで入れるところがわかりやすいように,かごを準備する。

第7章

からだづくりをしよう

1　はじめに

　子どもの体力や運動能力が低下していると指摘されて久しい。本来子どもは外で遊ぶことが好きであり，自然の中でのダイナミックな活動を通して，からだの使い方を覚えルールを守るなどの社会性を身に付ける。しかし，社会を取り巻くさまざまな環境の変化により，ダイナミックに遊べる「時間」も「空間」も「仲間」もないという，いわゆる「三間（さんま）」状態で過ごす結果，運動することを好まず，からだを動かす経験が不足し，ストレスを感じ疲れている子どもが増えている。

　子どもの体力の低下や運動習慣の二極化傾向の指摘を踏まえ，新しい学習指導要領において「体つくり運動」が小学校低学年から規定された。筋力や持久力の向上というよりは，将来の体力の向上につなげていけるよう，からだの基本的な動きを楽しみながら身に付けていくからだづくりの必要がある。こうした取り組みは，小学校低学年から始めればよいというわけではなく，当然のことながら，幼児期から意図的・組織的に実践していくことが望ましいと考える。

　障害のある子どもにとっても，今現在および将来にわたり楽しく明るい生活を営むための基礎づくりとして心身ともに健康なからだづくりは重要である。学校教育を通して，一人ひとりの障害の状況を的確に把握し，個々のニーズに応じた多様な指導が求められている。友だちや教師とともにいろいろな運動を経験しその楽しさを十分に味わい，大人になって働いたり充実した余暇生活を送ったりする上で必要な基礎体力を養い，生涯にわたってスポーツを楽しむための土台を築いてほしいと考える。

　しかし，一般の幼稚園・保育園では，幼児の「からだづくり」はいわゆる授業を通して行うのではなく，日常的な「あそび」の中で行われる。園によっては，リトミックのような活動を継続して行っているところもあるが，障害児や発達が少し気になる幼児に対しては，もう少し意図的・組織的にからだを動かす取り組みを展開することが必要なのではないかと考える。

　本章ではこうした理由から，意図的・組織的な「からだづくり」運動を発達が少し気になる幼児に提供するために，特別支援学校小学部の実践を通して，幼児期から小学校低学年にかけての「運動あそび」の内容・計画・実践展開の方法について考えていきたい。

2 からだづくりの指導

ここでは，W大学附属特別支援学校小学部（以下，本校小学部）の体育科の授業についてその取り組みの一端を紹介する。

(1) 本校小学部の児童

本校小学部の児童は，男子6名，女子7名，合計13名である。障害の種類は，知的発達障害に加えて，自閉傾向のある子が11名，発作を併せもつ子が2名，ダウン症の子が1名である。知的発達障害の程度では，軽度の子が7名，中度の子が4名，重度の子が2名いる。

休み時間の様子は，自分から関わることはできなくても誘われると一緒に遊べる子どもたちが多い。教師が外で待ち受けて一緒に遊んだり友だち同士の関わりを促したりする働きかけを大切にしている。

教室のベランダに外ばきの靴を常設し，天気のよい日はすぐに外に出て遊べるようにしている。友だちと関わりをもって遊べる子どもは，自転車に乗ったり，ブランコをしたり，バドミントンや，ボール遊び，鬼ごっこなどをして活発に遊んでいる。

外に出られない雨の日などは，室内ゲームや工作ごっこ，お絵描きなどをともに楽しむ。友だちとなかなか関わって遊べない子もいるが，雑誌を媒介に教師に共感を求めに来る子，1人でブロックを並べて遊ぶ子，強く誘われなければいつも1人でお絵描きをする子などとそれぞれの楽しみ方で休み時間を過ごしている。自閉傾向の子どもの中には多動な子もいて安全面から教師は目が離せない。

(2) 本校小学部体育科のねらいと年間計画

本校では体育科の授業は全学年児童で行っている。適切な運動経験を通して健康を維持し，体力の向上を図り，楽しく明るい生活が送れるよう，週に2時間の体育（「火曜体育」と「金曜体育」）を設定している。指導内容については，児童の実態を考慮し，毎年見直しを行っている（次頁の年間計画参照）。

3 実践事例

ここでは，火曜体育として，年間を通して行う「リズム運動」と，いろいろな運動にチャレンジする金曜体育の内，「鉄棒遊び」の取り組みについて紹介する。知的に障害のある子どもの授業づくりにおけるポイントは，見てわかりすぐに取り組める環境づくりにあると考える。

体育科の年間計画

月	4	5	6	7	9	10	11	12	1	2	3
火曜体育 / 金曜体育	集団行動・体力測定	リズム運動	サーキット	水泳	運動会種目	教育実習生の授業	リズム運動 / 鉄棒遊び	マラソン	リズム運動	キックベースボール	サッカー

指導の目標	・いろいろな運動を楽しく行い，からだの基本的な動きを培う。 ・友だちとともに運動をする楽しさを知る。 ・安全に気をつけ楽しく活動する。

(1) リズム運動の実践

① 取り組みについて

リズム運動は，「さくら・さくらんぼ保育園」（埼玉県）で開発された運動である。その運動と楽譜を用い，子どもの実態に合わせて運動の組み合わせ等を工夫することで，本校小学部オリジナルのリズム運動をつくり，取り組んでいる。

子どもたちは，日頃意識しない身体部位を意識しながら生き生きとリズム運動を楽しんでいる。ぐっしょりと汗をかいて活動を終える子どもたちの満足そうな笑顔の様子から，リズム運動は音楽科というよりは「からだづくり・体力づくり」に重点が置かれていることを実感し，体育科の授業として年間を通して繰り返し定期的に取り組んでいる。

② ねらい

・ピアノの演奏に合わせて，素早くとりかかり，適切にからだを動かすことができる。
・友だちや教師と一緒に運動する楽しさ，心地よさを感じる。
・友だちの動きを見て，ともに学び合う。

③ 学習の流れ

学習活動	指導上の留意点
1. 服装の準備をする。 　　上着をズボンの中に入れ，裸足になる。	・できるだけことばかけをしないで友だちや先生の様子を見てとりかかれるよう見守る。
2. ピアノ演奏を聴いてピアノの周りに集まり歌う。	・始まりの合図の歌では，教師が率先して歌い楽しい雰囲気をつくる。

3．「始めましょう」の挨拶で自分のグループの位置につく。	・ピアノの合図は，はぎれよく行う。
4．「今日のポイント」を聞いて運動する。	・複数の「今日のリズム運動」の内容の中から，あらかじめチェックしておいた運動についてポイントを説明し，取り出し指導を行う。
5．ピアノに合わせてリズム運動をする。	・全体の意欲が損なわれないよう，できるだけ途中で一連の運動の流れを停止して指導することのないようにする。 ・各運動のポイントはメリハリのあることばかけで伝える。 ・すばやく動けていたりリズムに乗れていたり身体部位を意識して動けていたりする児童には，他の児童の励みにもなるようその場で大きく称賛する。
6．自分が頑張ったことや友だちの動きでよかったことを発表する。	・次時のめあてになっていけるよう，励ましたり称賛したりする。 ・友だちの頑張っている姿をしっかり見るよう促す。 ・いい動きをしていた児童には，みんなの前に出て披露する場を設定することで，次時への意欲につなげる。
7．ピアノの周りに集まり歌う。	・友だちと一緒に大きな声で歌える心地よさを味わう。

④ 授業づくりで大切にしていること

a 「今日のリズム運動」の構成

　リズム運動の内容から「比較的達成しやすい運動」と「難しいが，がんばれそうな運動」とを組み合わせ，子どもたちの期待感を高めるため，内容と順番は毎回少しずつ変えている。そうすることで子どもたちは次に何の運動かを期待して待ち構えることになり，子どもたち

のすばやく動きたいという意欲を引き出すことができている。

　運動全体の中間には，静の運動である「ねむれ」を配置しているが，ここで気持ちを落ち着けて次の活動に意欲的に移ることができている。

　最後は友だちと一緒に運動を楽しむ心地よさをたっぷり共有して終了してほしいと考えて，グループのみんなで1つの輪になって行う「糸ぐるま」に固定している。それまでの個々の運動で得られる自分ができた喜びから，友だちとつながり一体感を得る喜びへと変わり，一緒に運動する楽しさが最も高まる場面となっている。また，終了の見通しももつことができ，最後まで意欲を持続して運動をすることができている。

　　b　ピアノの生演奏
　それぞれの運動場面に応じて，子どもの動きに合わせたり子どもの呼吸を感じ取りながら適切で積極的な運動を促したりするためには，伴奏は生演奏が最もよいと考えている。大きな動きをするときはゆっくりと力強く，跳ねるときは軽快に，などと子どもたちの適切な動きを引き出せるように伴奏を行う。また，十分に習得できていない運動は，ゆっくりとしたテンポから始め，徐々にもとの早さに戻していくよう心がけている。

　リズム運動の内容やその順番を毎回自在に組み合わせて展開できたのは，伴奏が生演奏だからである。子どもたちの動きを見ながら，より強調したり軽快にしたりなめらかにするなどの伴奏を行うことができ，適切な動きを引き出すことができる。また，停止や繰り返しをタイミングよく行うことができ，特に「今日のポイント」の練習場面において，スムーズな授業展開ができる。

　子どもたちの運動への意欲を高めるための間の取り方，十分な引き延ばし方など，今後も工夫の余地は大きい。

　　c　「リズム運動課題評価表」と「リズム運動における意欲のチェック表」の活用
　それぞれのリズム運動の内容における適切な動きについての観点を教師間で共通理解して取り組むために，『リズム運動と子どもの発達』（丸山美和子（2007），かもがわ出版）を参考にして筆者らで「リズム運動課題評価表」を作成している。また，子どもたちの意欲を十分に引き出す授業づくりができているかどうかを確認するために，本校オリジナルの「リズム運動における意欲のチェック表」を作成し，授業に臨む子どもたちの意欲や自発性を記録している。

　「リズム運動課題評価表」は授業の様子を定期的にビデオ録画し，それを見ながら教師全員で子ども一人ひとりについて，適切に運動できているかどうか評価を行うものである。評価表を作成することで個々の実態が的確に把握でき，授業導入の部分の「今日のポイント」の内容に反映したり，運動中は，より個々の子どもたちに応じた的確なことばかけができたりするなど，個々の課題に迫る授業づくりにつなげることができている。「今日のポイント」を毎回2つまでとするなど，伝える内容を精選することは子どもたちの理解を促すためのポイ

リズム運動課題評価表

<table>
<tr><th colspan="2"></th><th colspan="5">A 子</th></tr>
<tr><th colspan="2"></th><th>H19.11</th><th>H20.2</th><th>H21.3</th><th>H21.4</th><th>H21.6</th></tr>
<tr><td rowspan="3">ギャロップ</td><td>手綱の模倣ができている。</td><td>×</td><td>×</td><td>△</td><td>×</td><td>○</td></tr>
<tr><td>馬のように軽快にギャロップで走る。</td><td>×</td><td>×</td><td>○</td><td>○</td><td>○</td></tr>
<tr><td>ピアノに合わせて動くことができる。</td><td>○</td><td>△</td><td>○</td><td>○</td><td>○</td></tr>
<tr><td rowspan="3">ねむれ</td><td>手足をまっすぐ伸ばせている。</td><td>○</td><td>○</td><td>○</td><td>○</td><td>○</td></tr>
<tr><td>つま先を立てている。</td><td>×</td><td>×</td><td>○</td><td>○</td><td>○</td></tr>
<tr><td>体の力を抜き，休めの状態になっている。</td><td>×</td><td>○</td><td>○</td><td>○</td><td>○</td></tr>
<tr><td rowspan="5">あひる</td><td>しゃがんで上下運動ができる。</td><td>×</td><td>×</td><td>×</td><td>△</td><td>○</td></tr>
<tr><td>かかとをしっかり上げて，前進・後進ができている。</td><td>×</td><td>○</td><td>○</td><td>○</td><td>○</td></tr>
<tr><td>両手は少し開いてバランスをとるように使えている。</td><td>○</td><td>○</td><td>○</td><td>○</td><td>○</td></tr>
<tr><td>お尻の上に背骨がまっすぐに伸びる姿勢がとれている。</td><td>×</td><td>○</td><td>○</td><td>△</td><td>○</td></tr>
<tr><td>ピアノに合わせて動くことができる。</td><td>△</td><td>×</td><td>×</td><td>△</td><td>△</td></tr>
<tr><td rowspan="6">うま（高ばい）</td><td>首を起こして前方を見る。</td><td>×</td><td>×</td><td>×</td><td>×</td><td>×</td></tr>
<tr><td>手の平を開いてしっかり床につける。</td><td>○</td><td>×</td><td>○</td><td>○</td><td>○</td></tr>
<tr><td>足の親指を立てて，床を蹴る。</td><td>×</td><td>△</td><td>×</td><td>○</td><td>○</td></tr>
<tr><td>肘と膝をしっかり伸ばしている。</td><td>○</td><td>○</td><td>○</td><td>○</td><td>×</td></tr>
<tr><td>前進するとき，はずむように動かないで，左右に揺れて進む。</td><td>×</td><td>×</td><td>×</td><td>△</td><td>×</td></tr>
<tr><td>ピアノに合わせて動くことができる。</td><td>○</td><td>○</td><td>○</td><td>○</td><td>○</td></tr>
</table>

リズム運動における意欲のチェック表

1．「しようとしない」　2．「直接指示で」　3．「間接指示で」　4．「自発的にできた」

	項　　　目	評　価
1	服装の準備（裸足，上着をズボンの中に入れる等）ができていたか	
2	自分のグループのスタート位置に座れているか	
3	ピアノ伴奏と同時に行動を始められているか	
4	みんなと動きを合わせようとしているか	
5	見本を見て模倣しようとしているか	
6	ピアノの合図で元の場所に戻れているか	
7	友だちの動きを見ているか	
8	最後までやりぬこうとしているか	

ントである。

　リズム運動の授業づくりが整ってきた頃に「リズム運動における意欲のチェック表」を作成し，子どもたちが自発的に学習できているかどうか定期的に確認している。ほぼ全員が毎回すべての項目において自発的にできており，「1．しようとしない」「2．直接指示で」に該当する子どもはいない。授業に臨む子どもたちの意欲の高さがうかがえる。しかし，新入生は「1．しようとしない」からスタートする子もいるためチェック表で確認しながら授業を組み立てることが大切である。

　「リズム運動課題評価表」と「リズム運動における意欲のチェック表」を作成することにより，評価の観点をスキル面，意欲面の双方からとらえることができている。また，それらの観点を明確にしたことにより，教師間で押さえるべきポイントを共通理解して一貫した指導に臨むことができている。

　　d　グループ編成

　1年生から6年生までの全員を個々の到達度を考えて2つの集団に均等に分け，それぞれのリズム運動の内容を交代しながら行っている。

　到達度の混在したグループに編成することで，運動中はグループ内の友だちを見本に動くことができている。また，座って見ているときは，もう一方のグループの上手な友だちの動きに気付いたり憧れの気持ちを抱くことができるようである。見本になっている子には，みんなの前に出て披露する場を設定することにより，次時への意欲につなげることができている。

　　e　教師の役割

　リズム運動は，「楽しさ」を伝えることから始まると考えて，教師全員が率先してリズム運動を楽しんで行っている。特に主指導を行う教師は，全体の見本として運動のリーダーであるが，子どもにとっては憧れの的になる魅力的な存在であることが必須である。

　適切な動きができている子どもには運動中にタイミングよく称賛したり，自信がなくて参加できない子どもには，見ることも十分な参加であるとして運動を強要しないで，その場に居続けることを見守ったりすることも大切である。また，座って見ているグループには，友だちの動きに十分注目するよう呼びかけている。

　子どもたちと共に見る側で待機している教師は，子どもたちからの「つぶやき」を丁寧に拾うようにしている。この「つぶやき」からは，友だちを応援したり負けたくないと思ったり上手な上級生へ憧れを寄せたりする姿や，運動への意欲の高まりなどを知ることができている。

　⑤　まとめ

　取り組みを進める中で個々の運動課題が明確になるとともに個人差も大きくなる。課題達成に変化が少ない子には，繰り返し行う大切さとともに，あえて「注意」や「身体援助」は

一貫して最小限にすることを心得としながら，よい動きができたときはタイミングよく称賛することで，適切な動きであることを認識できるようにしている。課題自体が困難な運動のときには，自分なりの活動の仕方を見守り，可能な運動には適切な補助をしている。おおむね課題達成を果たしている子には，運動の細部への気づきを促し，より適切にからだを動かして運動できることを求めている。

また，子どもの課題達成のいかんに関わらず，ある程度習熟できたら運動内容のレパートリーを増やしていき新しい運動にチャレンジすることも大切な点である。

現在子どもたちは，リズム運動を通して友だちや教師と一緒に運動する楽しさや心地よさを得て，どの子も主体的に伸び伸びと活動できている。今後も，どの子も楽しく運動しながらからだの基本的な動きを身に付け，習熟していけるようなさらなる授業づくりの工夫等の支援を深めたい。

(2) 鉄棒遊びの実践

① 取り組みについて

鉄棒遊びは，日常生活ではほとんど体験することができない「逆さ感覚，回転感覚」を空間で体験することができる運動である。身軽なうちにこそ可能な活動がたくさんあり，年齢的に早いほど身体感覚の体得度合いがよいことから，小学部の時期にさまざまな感覚体験を積むことが大切と考える。

② ねらい
・ろくぼく遊びを楽しみながら，腕支持感覚やバランス感覚を高める。
・鉄棒で逆さ感覚・回転感覚を体験することにより，楽しみながらからだの使い方を知る。
・技を組み合わせるなど動きを工夫して，自分のできる鉄棒遊びを発見する。
・友だちの様子を見て「自分もしてみたい」という気持ちを高める。

③ 学習の流れ
a　学習の計画（総時数6時間）

	ねらい	活動内容
第一次 （3時間）	○つかまる場所を決め，足の位置を確かめながら，移動する。高さ感覚を作る。 ○自分のからだの重みを知る。 ○いろいろな身体感覚を楽しむ。	○遊具のろくぼく遊び ・のぼりおりや横歩きをする。 ○ぶら下がり遊び ・子どもは竹の棒につかまり，教師は竹の棒を持ち上げて「けんすいごっこ，両手両足ぶらさがりごっこ」をする。 ○鉄棒遊び

		・「けんすい，両手両足ぶらさがり，前回りおり，足ぬきまわり，こうもり，さかあがり」をする。
第二次 （3時間）	○腕でからだをしっかり支えて移動することができる。 ○落ちないようにぶら下がることができる。	○遊具のろくぼく遊び ・のぼりおりや横歩きをする。 ○ぶら下がり遊び ・子どもは竹の棒につかまり，教師は竹の棒を持ち上げて移動しながら「けんすいごっこ，両手両足ぶらさがりごっこ」をする。
	○いろいろな技を体験する中で，からだの使い方を知る。	○鉄棒遊び ・「けんすい，両手両足ぶらさがり，前回りおり，足ぬきまわり，こうもり，さかあがり」をする。

b　展開例（本時は第一次。3時間計画の3時間目）

1.準備運動	学習活動	・準備運動をする。 　編集した音楽に合わせて，走る，歩く，運動に取り組む。 ・あいさつをして，教師の話を聞く。		
	指導上の留意点	・ろくぼく前に集合し，活動の期待感を高める。		
2.ろくぼく遊び	Aグループ（主に1・2年生）		Bグループ（主に3～6年生）	
	学習活動	指導上の留意点	学習活動	指導上の留意点
	・登ってタッチして下りる。	・あらかじめタッチするポイントをテープと手形で示しておく。	・登ってタッチして下りる。 ・ろくぼくを登り，またぎ越して反対側へ下りる。	・あらかじめタッチするポイントをテープで示しておく。 ・くぐりぬけも称賛する。
	・2段目を横歩きする。	・登ってしまおうとする子には，足元の白線に注目をするよう	・高い位置で横歩きをする。	・端から端までを，ぶつからないよう早い子の順に行う。

		促す。 		・横歩きが終わった子から、鉄棒で好きな技をして待つ。
3.鉄棒遊び	・竹の棒にぶら下がる。 「両手両足ぶらさがりごっこ」 「けんすいごっこ」 	・マットの上にあお向けになり、棒を握り、足をひっかけ、教師が担ぎあげる。 ・持続できるようかけ声などをかける。	・自由に遊ぶ 「両手両足ぶらさがり」 「けんすい」 「さかあがり」 ・「足ぬきまわり」に挑戦する。 	・さかあがり補助具を設置して、自由に自ら行えるようにする。 ・鉄棒と足の間に空間があることがわかりやすいイラストを提示する。
	・鉄棒でやってみる。	・正しく足をかけられるよう援助したり背中を持ち上げたりして補助を行うことで成功感につなげる。	・友だちがしているのに合わせて「足をいれてくるりん」「もどしてくるりん」と大きな声で言う。	・ことばかけを繰り返すことで、イメージが伴いリズミカルに行えるようにする。 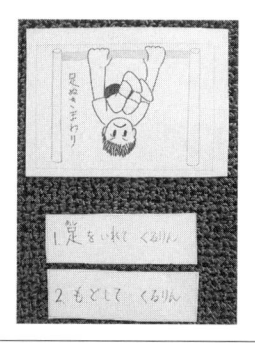
4.まとめ	学習活動	・できるようになったり、得意になったりした技を発表し合う。		
	指導上の留意点	・意欲を大切にして、自ら名のり出るのを待つ。 ・やりたい技を友だちや教師に伝えやすいようにイラストを掲示		

| | し，示してから行うようにする。 |
| | ・友だちの技を一緒にカウントして応援したり，拍手するなどして称賛し合う。 |

④ 授業づくりで大切にしていること

a ろくぼく遊びの導入

毎時間，授業の導入としてろくぼく遊びを取り入れている。タッチする部分にテープや手形を貼ったり，横歩きの際には下りないで移動し続けることがわかるよう色違いのテープで足場を示すなどして，ルールをわかりやすくし，ゲーム感覚で楽しめるようにしている。

鉄棒にぶら下がることが難しい児童にとっては遊びながら自分のからだを支える経験ができる楽しい活動となり，また，低い位置からの活動や高い位置からの活動など難易度に幅のある設定ができるため，どの子にとっても挑戦できる楽しい活動になっている。

b 授業の流れとグループ編成

運動能力に個人差が大きいため，能力課題別の2グループを編成して授業を展開している。集団による学び合いを大切にするために，導入とまとめは全体で行っている。

	Aグループ	Bグループ
対象	1・2年生 鉄棒にぶら下がることが難しい子	3年生以上 鉄棒にぶら下がることができる子
ねらい	落ちないようにぶら下がることができる。	鉄棒のいろいろな技にチャレンジする。
指導のポイント	マットの上にあお向けになって，教師が持つ竹の棒を握る。これを教師が持ち上げて移動する遊びを，十分に体験してから鉄棒へ移る。	補助をすることにより鉄棒遊びをさまざまに行う。さかあがり補助具を積極的に活用する。

Aグループで使用した竹の棒は，「ぶら下がる」ことがことばだけではイメージすることが難しい子どもたちにとって，大変わかりやすく有効である。床にあお向けになり，おりてきた棒を抱きかかえたら，空中へ持ち上げてもらうという楽しい遊びを十分行うことで鉄棒にチャレンジできており，鉄棒遊びへの移行がスムーズにできる。

Bグループで使用したさかあがり補助具は，子どもが自ら逆さ感覚を得られやすい点で有効である。補助具を使って自分で登りきり回転できることで楽しさを得て，休憩時間にチャレンジする姿が見られるなど，意欲が高まり，鉄棒を経験する機会を増やすことにつながっている。

c 授業のまとめは全員で発表

友だちや教師から称賛を受けて次時への意欲につなげたり，次は自分もやってみたいという気持ちを育むために，毎時間の授業のまとめに，できるようになったり得意になったりし

た技を自分で選んで発表する場を設けている。

　子どもたちはグループ別の課題に挑むものの，授業のまとめでは，場を共有して発表をすることにより，お互いに応援したり励まし合ったり，憧れをもつことができたりしてさらなる意欲へとつなげていくことができる。その際，技のイラスト掲示は，発表者にとっては自ら選択し意思表示しやすく，他の子たちにとっては技を披露する前にイラストを指し示されることで何を行うかがわかり期待して落ち着いて待つことができる支援グッズになっている。

　　d　技の習得のために

　鉄棒の技については，支えてもらっているという安心感をもちながら，しかも自分の力で技が達成できた感覚が得られるような最小限の補助を心がけている。また，技のイメージがもちやすくなるようにイラストで示し，次の動作を端的にリズミカルな言葉で表現し全員で唱和してから臨むようにしている。これらの支援は，特に新しい技を身に付ける上で効果的である。

　⑤　まとめ

　足ぬきまわりを初めて経験した子が，顔を高揚させ「ジェットコースターみたい！」と息を弾ませて言う姿が印象的であった。こわい，難しいという苦手意識をもたないよう成功感やチャレンジする意欲を大切にして取り組んでいるが，授業が終わっても，半数以上の子どもたちが鉄棒にとびつき，思い思いの技で楽しむ姿を見ることができている。

　1人でできる技の習得を急ぐのではなく，援助を受けてでも体感できる非日常な，逆さ・回転感覚の体験を楽しんでほしいと考えている。

4　おわりに

　特別支援学校は，一人ひとりの教育的ニーズに応じて個の課題に迫る観点から，個別に行う指導は多い。一方で社会性や協調性を育てる観点から，集団を意識した取り組みも欠かせない。こうした実践上の留意点は幼稚園・保育園においても共通した点であろう。

　このとき，「見てわかりすぐに動ける」環境を整えることにより，活動そのものへの取りかかりがスムーズとなる。また，こうした支援をすることで，周囲と関わりをもちにくく自分だけの行動をとりがちな子どもも結果的に集団の中で行動できるようになり，周囲との関わりを促すことにつながる。

　自信がなくて集団に入れない幼児には，友だちが頑張っている様子を見ることから始めることで活動に見通しがもてるような場を共有するという工夫も必要であろう。子どもができることを応用し，もう少し頑張ればできることを用意するといった手立ての連続により，豊かな活動や参加へと促すことができると考えている。

　学習指導要領では知的障害者を教育する特別支援学校の体育科において，児童生徒が自ら

進んで運動に親しむ資質や能力を身に付ける観点が強調されている。幼稚園や保育園，あるいは特別支援学校の小学部においては基礎的な身体能力の育成を図るべくさまざまな動きを低年齢段階のうちに体験することがとても重要であると考える。

　子どもたちの発達段階に応じた指導内容を精選して年間計画を作成することや，日々の指導において，子どもたちが運動に自発的・意欲的に取り組み，お互いに関わり合い学び合えるような授業づくりをすることの大切さを改めて認識している。そのためにも，子どもたちに適切な教育環境を整えることはなによりも重要な教師の役割と考えている。

コラム

保護者に寄り添う支援とは

　気になる幼児を保育するとき，幼稚園や保育園の中だけでなく，保護者と一緒になって子どもを育てていかなければならないと，多くの保育士・教師は思っていることでしょう。しかし，「それがなかなかうまくいかない」と感じている人も多いのではないかと思います。

　このとき，実は保育士・教師が知らないうちに，ある「落とし穴」にはまっていることが多くあります。

　一つ，例を挙げて考えてみましょう。保護者と連携しながら気になる幼児に対応しようとするとき，「○○ちゃんは，これは苦手だから，おうちでもこんなことをしてみてください」「今日，○○ちゃんはこんなことができたんですよ。おうちでもいっぱいほめてあげてください」と，保護者に「子どもの話」をしていないでしょうか（図1）。こうした会話を保育士・教師からもちかけられると，保護者の中には「私だってがんばっているのに……」という気持ちになる人も少なからずいます。

　そうではなく，「○○ちゃんは，これは苦手ですね。おうちでも大変でしょう」「おうちでお母さんが努力してくださったから，○○ちゃんは，今日，こんなことができたんですよ」と保護者の苦労をねぎらい，努力を賞賛するように話しかけたらどうでしょうか（図2）。そう言われて嫌な気持ちになる保護者は，どちらかと言えば少数ではないかと思います。

　後者の言い方を保護者が受け入れられるのは，保育士・教師が保護者と直接話をしようとしているからです。もちろん，保育園や幼稚園では話のネタは子どもです。しかし，子どもをよくしようと一生懸命になりすぎて，子どもの話に終始するのではなく，あくまでも話の相手は保護者であることを忘れないでいる保育士や教師に保護者はついてくるのです。

　「保護者に寄り添う支援」をしなければならないと，いろいろなところで言われていますが，真の意味で「保護者に寄り添う」ためには，保育士・教師が子どもを介して保護者としっかり向き合うことが必要なのだと思います。

図1　子どもの話をする保育士・教師

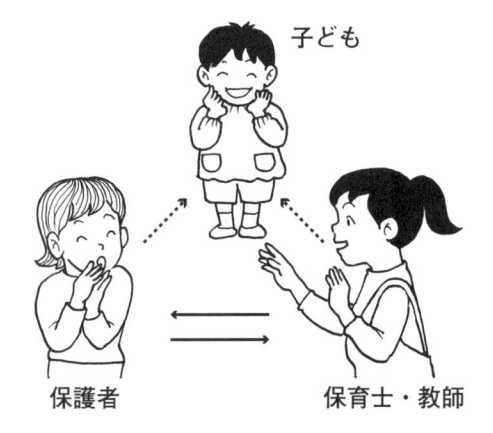

図2　保護者と話をする保育士・教師

トピックス

第8章

気になる幼児のルールの理解とクラスづくり

1　ことばで創る心地よい居場所

　幼稚園・保育所（以下，園と略記）で生活する子どもたちにとって「心地よい居場所」とは，①見守っていてくれる保育者がいる上に，②クラス集団における基本的ルールが各児によって守られ，安心して遊ぶことや休息することが保障された場所を意味する。一人ひとりの子どもにとっての「心地よい居場所づくり」の基盤となるクラス・ルールの共有は，保育者や子ども同士でのコミュニケーションを抜きにしては，成立し得ないものである。

　気になる幼児の中には，他児とのコミュニケーションを滑らかに進めることができずに困っている子どもが少なくない。気になる幼児は，他児との関わり合いを楽しむことがかなわない苛立ちから，乱暴な振る舞いをして他児を怒らせたり，荒っぽいことばを用いて他児を悲しませたりするなどして，さらに他児との関わりを困難にするという悪循環を招く場合がある。気になる幼児は，普段から他児とトラブルを起こす頻度が高くなり，家庭や園などで叱られる機会が多い。したがって，気になる幼児にはぜひ「他児との関わりを通して得られる心地よさ」を伝えた上で，クラス・ルールの理解へと導入していきたいものである。

　人が「他児と関わる力（コミュニケーション力）」を言語面で発達させていく段階を考慮すると，第1ステップは，「気になる幼児⇔保育者」の関係である。ここでいう保育者とは，気になる幼児が「信頼できる保育者」ということになる。つづいて第2ステップでは，「気になる幼児⇔保育者⇔クラスメイト」となり，第3ステップでは「気になる幼児⇔クラスメイト」という子ども同士の関係づくり構築へと移行していく。

他児と関わる力を発達させるステップ

第1ステップ：気になる幼児 ⇔ 保育者

第2ステップ：気になる幼児 ⇔ 保育者 ⇔ クラスメイト （気になる幼児とクラスメイトは弱い関わり）

第3ステップ：気になる幼児 ⇔ クラスメイト

⇔ 強い関わり，⇠⇢ 弱い関わり

(1) 第1ステップ：温かいことばのシャワー

　気になる幼児に「他児と関わる力」を育む際の第1ステップにおいては，保育者と気になる幼児との間で信頼関係を構築することが必要である。この段階では，保育者は「温かいことばのシャワー」を気になる幼児に繰り返し浴びせ続けることが重要である。

　「温かいことばのシャワー」とは，①気になる幼児が大切な子どもであることを伝えることば，②保育者が気になる幼児を愛していることを伝えることば，③気になる幼児の人格を尊重することば，④保育者が常に気になる幼児を見守っていることを伝えることばである。これらの温かいことばを，日々シャワーのごとく満遍なく継続して浴びせかけることを通じて，気になる幼児は次第に安心して保育者との信頼関係を構築していくことができる。

　日々の園生活の中で，ときには気になる幼児が自他に危険な行為をし，保育者が注意をする場面が生じる。そのような場合には，「③気になる幼児の人格を尊重することば」を用いることによって，「頭ごなしに叱られた」という印象を抱かせないように留意することが重要である。ここで大切なポイントは，「気になる幼児を大切に思って注意している」ということを本人に伝えることである。

　行動の危険度が高いケースについて注意をする場合には，「〜してはいけない」というネガティヴな表現を使用せざるを得ないことがある。保育者が気になる幼児の危険を回避する目的で，あえてネガティヴな表現を使って注意を喚起させるためには，保育者は普段から気になる幼児とポジティヴな表現で関わっていることが前提となる。

　気になる幼児に向けては，保育者は「言わなくてもわかるであろう」という認識を過剰にもつことなく，クラスのルールや約束事を繰り返し伝えることに徹することが重要である。また，アプローチをする際には，気になる幼児の認知特性を踏まえて行う必要がある。たとえば，聴覚からの情報処理に困難性を示す子どもに向けては，「紙芝居」や「保育者の表情」などという視覚的情報を提供するほか，触覚過敏の有無に配慮した上で「スキンシップ」などによって愛情を伝えることも効果的である。

　この段階でおさえておきたいのは，保育者が温かいことばのシャワーを浴びせかけるのは，気になる幼児に「温かいことばを教える」のが主な目的ではないことである。温かいことばのシャワーを浴びて心地よいと感じた気になる幼児が，保育者との情動共有（肯定的な情動共有経験の蓄積）によって情緒を安定させ，将来の自発的なコミュニケーションを動機づけるための基盤となる段階のアプローチであることを，保育者は踏まえておきたい。

肯定的な情動共有経験の蓄積

保育者

温かいことばのシャワー
スキンシップ，紙芝居
保育者の表情・ジェスチャー

↓↓↓↓↓↓↓↓

クラスメイト　気になる幼児　クラスメイト

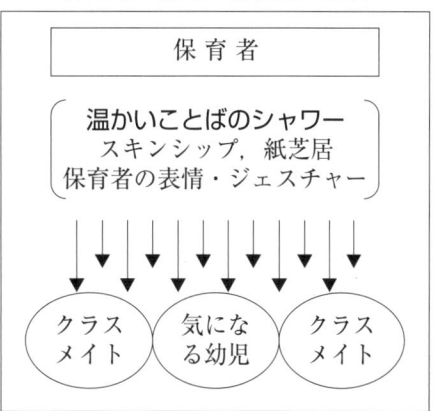

このようにして保育者から日常的に発信される「温かいことばのシャワー」は，気になる幼児のみならず，それらのことばを浴びて心地よさを覚えたクラス全体の子どもたちに波及することが期待できる。

(2) 第2ステップ：魔法のことば

　気になる幼児に「他児との関わりを通して得られる心地よさ」を体験させるための第2ステップでは，「気になる幼児⇔保育者⇔クラスメイト」の関係へと移行する。この段階では，気になる幼児が困ったときや寂しくなったときの心の拠り所（安全基地）として，「温かいことばのシャワー」をかけてくれる保育者の存在がある。したがって第2ステップでは，クラスメイトとのコミュニケーションを円滑に進めるための「魔法のことば」を，生活のさまざまな場面で保育者が幼児に提示することにより，さらに人間関係を広げられることが期待できる。

　その「魔法のことば」とは，"Please.（お願いします）"，"Thank you.（ありがとう）"，"I am sorry.（ごめんなさい）"の3フレーズである。わが国の家庭では，養育者が子どもの持っている玩具や菓子などを介した「どうぞ」，「ありがとう」などというやり取りを見かけることが多い。一方，日本語圏とは異なる言語・文化をもつ英語圏においても，ことばを話し始めた幼児にこれら3フレーズを「魔法のことば」と称して早期に教える習慣がある。このことから，「依頼」「感謝」「謝罪」を伝える機能をもつこれら3フレーズは，文化や生活習慣の差異を超えて人間関係を円滑に進める役割を担う世界共通のフレーズであると言えよう。こうしたやり取りを通じた家庭教育からは，子どものことばの発達を促進することと併せて，養育者と子どもとの間で愛着関係を形成することが期待される。

　しかしながら，たとえ家庭では子どもが言えるようになったフレーズであっても，園では言えない場合がある。家庭では，子どもが「どうぞ」と言えば，大人は「ありがとう」と答えてくれる。しかし，園では子どもが想定しない返答を他児から返される場合もある。特に一人っ子家庭の場合には，大人に対して使用することをトレーニングされたことばが，そのまま園でも通用するとは限らないことに留意する必要がある。したがって園では，家庭環境とは異なるクラスの状況を踏まえて，ことばの指導をすることが大切である。

　このように，コミュニケーションに必要なことばの指導は，家庭教育と並行して指導することが有効である。気になる幼児に，この「魔法のことば」を園で自然に使いこなし，滑らかな人間関係構築の基盤をつくらせるよう促すには，保育者が日常的に場面に応じて使い分ける形で手本を示すこと（モデリング）が必要となる。

　こうして基本3フレーズの使い分けを習得した子どもには，次の熟達の過程として発話内容を広げたり，より詳細に述べたりするスキルの向上を目的に，保育者が子どもの発話に適切なことばを付け加えて示す段階（エクスパンション）へと移行する。

(3) 第3ステップ：怒りのコントロール

　「他児と関わる力」を育む第3ステップは，子ども同士の関係づくりへと移行する段階である。園のクラス集団では，子どもが他児に投げかけたことばの返答は変化に富む。他児に要求をしても受け入れられるとは限らないし，質問をした場合にも回答が得られる保障はない。生きたコミュニケーションとは，そういうものである。気になる幼児の中には，相手が何度も謝罪をしたにもかかわらず，頑なに許容しない子どもがいる。これは，気になる幼児が怒りの感情をまだ言語化できないために見られる現象である。

　たとえば，「ごめんね（謝罪）」と言われたら，「いいよ（許容）」と応える。このようなクラスのルールを全体で共有すると同時に，「子ども同士での解決が困難となるトラブルが生じた場合には，保育者に助けを求める」というルールも併せて伝えていくことが必要になる。

　また，怒りを暴力で返してしまう場合には，怒りの発散方法を暴力から社会的容認行動へと移行させる必要がある。したがって，怒りがおさまらないときには「（気になる幼児が信頼している）〇〇先生に伝える」「その場から離れて深呼吸をする」「丸めた粘土を床に投げつける」など，個々人の特性に合った怒りの解消法を気になる幼児とあらかじめ相談し，決めておくのも一策である。

　子ども同士の関わりの中では，小さな喧嘩と仲直りが日常的に繰り返される。園では，ときには許す役割を，また別のときには許される役割を子どもたちに経験させることにより，互恵的学びを可能とするクラス集団の形成を目指したい。そのためには，保育者が気になる幼児を含むクラス全体の「怒りのコントロール力」の向上に向けて，ことばをはじめとする多様な感情表現の方法を伝えていくことが重要である。

　おおむね4歳頃になると，子どもは他児の信念を推測することが可能となる。一方，気になる幼児の中にはそれを困難とする場合もある。多くの子どもが自分とは異なる思考をもつ他児の存在を認識するようになるこの時期に，他児の心情を考える機会を多くもち，自分とは異なる他児の認識へとつなげていきたい。クラス全体にこの認識が広がり，自己と他児との欲求に折り合いをつけることができたときの心地よさは，友だちと楽しく遊ぶための「怒りのコントロール」の動機づけとなっていく。

2　からだで創る心地よい居場所

　園では，子どもたちは数十名の子どもが集うクラスに所属し，家庭とは異なる環境で生活をする。気になる幼児の中には，他児との言語的関わりに困難を有する子どもがいる一方で，身体的関わり（運動遊び）によって滑らかにクラスに適応できる幼児もいる。したがって幼児期には，他児との身体的関わりを通して得られる心地よさを，気になる幼児にできるだけ

多く経験させたい。ここでは，多くの子どもたちとの関わりを通して学び合うことを可能とする園生活の特徴を生かして，園だからこそできる活動内容を考えていく。

(1) ひとつの時間・ひとつの活動の共有

「ともに楽しむ」とは，クラスの子どもたちが，①同一の時間帯に，②同一の活動をする場合もあれば，①もしくは②のいずれか1つのみの場合もある。

たとえば園庭にて，クラス全体で運動遊びやゲームなどの活動をしているときに，気になる幼児（多動傾向のある幼児）はクラス集団から距離をおいて，園庭を駆け回っていることがある（①の状態）。この状況は一見すれば，気になる幼児がクラスから逸脱しているように見えるかもしれない。しかし，気になる幼児はクラスメイトと同じ時間帯と場所（相互に目が届く範囲の，園庭という空間）を共有し，楽しんでいるのである。

このように，たとえクラス活動に参加しないように見える子どもであっても，気になる幼児はクラスの活動を遠巻きに観察していることがある。こうした状況の場合には，クラス活動の途中で保育者が気になる幼児に度々ことばかけをすることにより，ときには活動の輪に入ることもある（①＋②の状態）。そのような場合には是非，気になる幼児を大歓迎して共に楽しむことが重要である。保育者は，気になる幼児が集団から距離をおいた行動をとがめるよりも，気になる幼児がクラスメイトと共に活動に参加するための一歩を踏み出した行動を，見逃さずに認めていきたい。

また，園では活動に参加することなく，ことばを発しない場面かん黙児の例では，園での活動を家庭で元気に再現して楽しんでいる姿（園で習った歌を，家庭にて大声で何度もうたって母親に聴かせる）が，保護者より報告されている（②の状態）。

「クラスメイトと一緒に身体を動かして遊ぶ楽しさ」や，「クラス活動に参加したときに，皆から歓迎される心地よさ」を，気になる幼児に多く経験させることが，クラスメイトとのかかわりや，クラス・ルールの理解につながるものと期待できる。ここでの保育者の役割は，表情やジェスチャーを含め，体全体を使ってこれを実践することによって，クラス全体の幼児への適切なモデル行動を示すところにある。

(2) 力の放出・力のコントロール

身体を使った遊びを楽しむにあたっては，力のコントロールが必要となる。特に子ども同士で遊ぶときには，同程度の体格と腕力をもつ子ども同士であっても，身体能力の発達段階が大きく異なる子ども同士であっても，いずれの場合にも「力のコントロール」が必要であり，それを欠くと子どもの負傷につながる危険性がある。したがって，幼児期から力のコントロール方法を，遊びを通してトレーニングしていくことが望まれる。具体的には，一例として「ボール遊び」を題材として取り上げる。

ボールを投げたり蹴ったりして他児とやり取りすることは，子どもにとって楽しいあそびの1つである。しかし，いきなり子ども同士でボール投げやサッカー遊びを始めたとしても，相手とのやり取りが滑らかに行えるとは限らない。そんなときに，子どもは大人とボール遊びをしたときとの違いを認識し始める。大人は，子どもの力一杯の「投げ」や「蹴り」を全面的に受け入れ，それを適切に返してくれる場合が多いが，子ども同士ではそうはいかない。そこでは，投げたり蹴ったりする速さや強さをコントロールする必要性が生じる。クラスの幼児の中には，それらを体験的に学び，習得する子どももいる。

　一方，気になる幼児には，「地面に力一杯，ボールを投げる」，「空に向かって，できるだけ高くボールを投げる」，「壁に向かって思いきりボールを蹴る」などの遊びを通して，対象児の身体運動機能に即した「速く・強く」の部分を十分に経験させ，カタルシスを得る（心身のバランスを健全化する）ことを第1ステップとする。つづいて第2ステップでは，「ゆっくりと投げる」「そっと蹴る」などの遊びを通して「ゆっくりと・弱く」の部分を導入する。

　このような過程を経て，相手に合わせて力をコントロールし，クラスメイトと遊びを楽しむ心地よさを蓄積させていく。このように，相手の特徴に即した力のコントロールの習得が進むと，運動遊びのルールを子ども同士で自由に創造し，楽しむことが可能となる。

(3) 歌遊び・即興音楽表現遊び（音楽を通じたクラスづくり）

① 歌遊び

　クラスの幼児は，体全体で音楽を楽しむ。園では，互いの顔を見合わせて大きな声を競い合うかのように，クラスで導入された「こどものうた」や「手遊び歌」などを歌って楽しむ幼児の姿が日常的に見られる。さらには，幼児にも覚えやすいメロディーで構成されている「わらべ歌」のメロディーに合わせて歌詞を替え，替え歌遊びを楽しむ幼児もいる。これらの幼児は，既成のメロディーに自作の歌詞を合わせていることから，替え歌遊びを通して「拍（モーラ）」[1]の感覚を発達させていることが読み取れる。また，保育室でアニメーションの主題歌を流すと，登場人物になりきって歌ったり踊ったりする幼児もいる。これらの幼児は，「ごっこ遊び」を通して他児（物語の登場人物）の信念を推察するトレーニングをしている。そしてさらには，その登場人物の信念を表現する行為によって幼児は登場人物と一体化していくのである。

　このようにして幼児は，園でクラスメイトとともに歌う・踊る・演奏することを通して，ことばの発達を促進させる。歌遊びは，幼児の理解語彙数・発話語彙数を増加させるにとどまらず，母語（日本語）の特徴である拍の感覚の習得にも一役を担う。またリズム感覚を向上させることに加え，余分なエネルギーを発散したり，歌声を響き合わせる楽しさの共有を通じて友だちづくりをしたりもする。これらのことから，幼児の発達段階における音楽遊びの役割は，計り知れないほど大きいものであると言える。

② 即興音楽表現遊び

　気になる幼児の中には，ことばの発達の遅れなどが原因で，他児と同じテンポでの歌唱を楽しむことができない子どもがいる。このような場合には，保育者が即興で楽器を演奏し，その音色に合わせて各児が身体表現をする遊びの導入によって，クラスの全員が楽しめる活動へと改変することが期待できる。このことから園では，あらかじめ歌詞やメロディーが決まっている楽曲を楽しむ他に，即興音楽表現遊びを取り入れていきたい。

　ここでの保育者の役割は，演奏テンポや音色を自由に変化させることにより，子どもたちがそれぞれのイメージを自由に抱き，体全体で表現する意欲を引き出すことである。子どもにとって即興音楽表現遊びの楽しさは，曲の展開予想がつかないところにある。その点が，あらかじめ決められた振り付けで踊る「お遊戯」とは大きく異なる。

　即興演奏では，保育者による生演奏の臨場感と自由な雰囲気との相乗効果により，曲調が変化するたびに子どもたちの歓声があがる。この活動中，子どもたちは歌詞やテンポや振り付けの未習得を心配する必要はなく，個々人が耳を澄まして曲調を聴き取り，思いのままに身体表現を楽しむことが可能となる。このような遊びを通して，幼児は保育者の微妙な音色のコントロールを注意深く聴き分ける力や身体運動機能を向上させ，さらには自らのリズム感覚を育てることになる。

　また，ときには幼児に楽器を持たせて思い思いの表現をさせる活動も導入したい。この活動は，クラス全体の子どもたちを自らの演奏で引率する役割を，幼児に交替で楽しませることによって，自己効力感[2]の発達を促すことが期待できる。気になる幼児の中には，独特のリズム感覚で楽器を奏で，独創的な音楽表現をする子どももいる。このようにさまざまな音楽表現に触れることによって，クラスの子どもは「表現法の多様性」ならびに「表現者の個性」を認識し，ひいては自らの創造力をかきたてて自由な身体表現を楽しみ，音楽表現のキャパシティを拡大していくのである。

　この活動をする上でおさえておきたいのは，クラス全体が共時的に楽しむことの重要性である。「同じ時間帯に，一人ひとりの子どもが自由な心もちで音楽表現遊びを楽しんでいること」がポイントとなる。それはつまり，ひとり遊びが好きな子どもも，集団遊びを好む子どもも，誰もが音楽遊びを楽しめる時間帯である。このように，気になる幼児を含むクラスにおける音楽遊びでは，歌遊び・リズム遊びの一部に「即興音楽表現遊び」を取り入れることによって音楽遊びに緩急を設定し，すべての子どもたちにとってさらに魅力的な遊びへと改良することが可能となる。

3　まとめ

　本章では，気になる幼児を含むクラスにおける集団づくりについて，「1．ことばで創る心

地よい居場所づくり」と,「2．からだで創る心地よい居場所づくり」の2面から, 異なるアプローチを紹介した。一人ひとりの子どもにとって, クラスを「心地よい居場所」と位置づけるためには, 各児でクラス・ルールを共有することが必要となる。この目的に向かうには, 幼児に「他児と関わる力」を育むことが不可欠となる。その方策として, 1節では「温かいことば」「魔法のことば」を幼児に浸透させた後に, 他児との関わりを通して「怒りのコントロール力」の向上を図るステップ（インプット→アウトプット）を紹介した。また2節では, 個々の身体運動能力を出し尽くし, 心と身体を解放してカタルシスを得た後に, 力の調整力を養うステップ（アウトプット→インプット）を示した。

　気になる幼児を含むクラスあるいは小集団において, ルールの理解とクラスづくりを図るには, 幼児が「自分の役割を担えたとする感覚（自己効力感）」から,「自分がなくてはならない存在であるという意識（自己肯定感）」をいかにして獲得させていくかが重要なポイントとなる。

【注】

1)　拍（モーラ）とは, 音韻論上一定の時間的長さを有する音の分節単位をさし, 日本語音声の特徴の1つである。母音と子音との組み合わせで構成されている日本語の仮名は, 各文字がほぼ等時間で発音される。この仮名1文字の発音に相当する音韻論的時間を, 日本語学で拍と言う。

2)　自己効力感（self-efficacy）とは, アルバート・バンデューラによって提唱された用語で, 自己への信頼感や有能感をさす。自己効力感を高める要因としては, 他者の成功を観察した上で「自分にもできそうだ」と予期する代理体験や, 自ら行動して達成できたという達成体験などが大きく影響すると言われる。

【参考文献】

・小川英彦（2009）「気になる行動・困った行動についての理解」小川英彦編著『幼児期・学齢期に発達障害のある子どもを支援する―豊かな保育と教育の創造をめざして―』ミネルヴァ書房, pp. 36-38
・高尾淳子「広汎性発達障害と思われる幼児の親支援」愛知教育大学大学院紀要『幼児教育研究』14, pp. 45-54
・長崎勤（2007）「心の理解とコミュニケーションの発達」秦野悦子編『ことばの発達入門』大修館書店, pp. 116-145
・竹内範子・上野由利子・前田喜四雄・玉村公二彦・越野和之（2009）「特別な配慮を必要とする幼児の教育的支援―感情の起伏が激しく気持ちのコントロールがしにくい幼児を支える集団づくりの実践を通して―」『奈良教育大学教育実践総合センター紀要』18, pp. 157-163
・杉山直子・杉山緑（2006）「学級集団づくりに関する一考察」『山口大学教育学部附属教育実践総合センター研究紀要』22, pp. 65-80

第9章

幼保小連携の取り組み
―個別の支援計画と就学保障―

　2009年に幼稚園教育要領・保育所保育指針がともに改訂・改定され，新しい教育・保育がスタートした。本章では，気になる子ども・支援を必要とする子どもへの個別計画と就学保障にふれながら，新しい幼稚園教育要領・保育所保育指針での教育・保育を小学校教育にどのようにつないでいくかに関わる，幼保小の連携のあり方について述べたい。

1　個別の支援計画

　幼稚園教育要領においては「特に留意する事項」の中で，「障害のある幼児の指導に当たっては，家庭及び専門機関との連携を図りながら，集団の中で生活することを通して全体的な発達を促すとともに，障害の種類，程度に応じて適切に配慮すること」が述べられている。
　また保育所保育指針の「障害のある子どもの保育」においては，「一人一人の子どもの発達過程や障害の状態を把握し，適切な環境の下で，障害のある子どもが他の子どもとの生活を通して共に成長できるよう，指導計画の中に位置付けること」「子どもの状況に応じた保育を実施する観点から，家庭や関係機関と連携した支援のための計画を個別に作成するなどの適切な対応を図ること」が明記されている。
　このことを受けて幼稚園・保育所では，子どもの発達過程，障害の種類や程度，状態などに応じて，個別の指導計画が作成されなければならない。その際に重要なことは，家庭や専門・関係機関と連携して，個々にふさわしい計画を立てることはもちろん，個別計画だからといってクラスの指導計画とまったく切り離してしまわず，関連性を考えるということである。幼稚園・保育所ともに，障害のある子どもにとって「集団の中で生活すること」「他の子どもとの生活」を重視していることからもわかるように，各自の特性に配慮しながら，同時に他児との関わりを十分に把握して計画を立てることが求められている。
　さらに幼児期から学校卒業までの一貫したライフステージでの支援に向けて，個別の教育支援計画の作成が進められている。幼稚園・保育所において，長期的な見通しをもった個別計画が作成され，それが小学校や特別支援学校での個別計画へと引き継がれていくことで，1人の子どもに対する連続的な一貫した支援が可能になり，発達につながっていくのである。
　一貫した個別計画の重要性については上述の通りであるが，それとともに，気になる子ども・配慮の必要な子どもの育ちを支えるために重要なことが幼保小の連携である。以下では幼保小の連携について述べたい。

2　幼保小連携の重要性

(1)　すべての子どもの健やかな育ちを保障する連携

　これまでも幼稚園・保育所・小学校の連携の重要性は述べられてきた。小学1年生が立ち歩いたり、他者との関係が十分にとれないなどの問題、いわゆる「小1プロブレム」が問題になり始めたときにも、幼稚園・保育所と小学校の「段差」や「連携の不十分さ」が問題となり、密接な連携が求められてきた。

　一方、気になる子どもや特別に配慮の必要な子どもの就学にあたっては、幼稚園・保育所は、就学先である小学校や特別支援学校と連携をとりながら、就学を支援・保障してきた。具体的には、多くの幼稚園・保育所で、小学校・特別支援学校の見学や一日体験、年長児と1年生との交流、特に配慮の必要な子どもについての申し送り等、さまざまな連携が図られてきた。

　2009年の幼稚園教育要領の改訂、保育所保育指針の改定によって、幼稚園教育・保育所保育において小学校との連携がこれまで以上に必要な課題として位置づけられた。これによって幼保小の連携は、「することが望ましい」ことではなく、明確に「必ず行うべき」こととなったと言える。その内容も、「小1プロブレムを防ぐ」「気になる子どもや特別に配慮のいる子どもの就学を保障する」ことだけが目的ではなく、乳幼児期から児童期にかけて、すべての子どもの健やかな育ちを保障していくという視点から、幼稚園・保育所・小学校に求められる連携の推進なのである。

　そのためには、5歳児（年長児）と小学校1年生の担任だけが行う個人単位での連携では十分ではない。園・所・学校の組織全体の連携として、これまで以上に意識的に取り組むべき課題となったのである。こうした方向性を踏まえながら、気になる子どもや特別に配慮のいる子どもの個別的な対応も考えていかなければならない。

(2)　新しい幼稚園教育要領に見る小学校との連携

　今回の幼稚園教育要領の改訂で、総則に示される「基本として重視する事項」については、①幼児期にふさわしい生活の展開、②遊びを通しての指導、③一人ひとりの特性に応じること、と前回の幼稚園教育要領が踏襲された。

　基本的にこれまでの方向性を継承しながら、同時に、2006年の新教育基本法の第11条の「幼児期の教育は、生涯にわたる人格形成の基礎を培う重要なものである」という考え方と学校教育法第22条を踏まえて、人格形成の基礎ならびに義務教育及びその後の教育の基礎を培うことが幼稚園教育の重要な目的であることが明確に示されたということが特徴である。

幼稚園教育要領第3章の「留意事項」においても,「幼稚園においては,幼稚園教育が,小学校以降の生活や学習の基盤の育成につながることに配慮し(後略)」と明記しており,人格形成の基礎を培うこと,小学校教育と連携することが強調されているのである。

第二の特徴は,幼稚園教育の基本方向として「生きる力」の推進があげられていることである。幼稚園教育要領第2章「ねらい及び内容」に,「幼稚園修了までに育つことが期待される生きる力の基礎となる心情,意欲,態度」と表記されていることからもわかるように,幼稚園において「生きる力の基礎」を形成することがねらいとして掲げられた。これは小学校の学習指導要領の方向性と合致している。小学校入学後に進められる「生きる力を形成する教育」に向けて,幼稚園教育において「生きる力の基礎」を育てておくことが位置づけられ,各領域のねらいも「心情・意欲・態度」の視点から定められているのである。

第三に,領域「人間関係」において「規範意識の芽生え」が明記され,領域「言葉」に「文字等への関心」があげられていることも特徴と言える。たとえば領域「人間関係」の「内容の取扱い」には,「集団の生活を通して,幼児が人との関わりを深め,規範意識の芽生えが培われることに配慮し(後略)」との表現が見られる。その背景には,青少年犯罪に代表される「規範意識低下」の問題がある。文部科学省の「危惧される子どもの育ちの変化」にも,「基本的生活習慣の欠如」「コミュニケーション能力の不足」などと並んで「自制心や規範意識の不足」があげられていることからも,その危機意識は明確である。

これまでも幼稚園教育においては,人との関わりは非常に大切にしてきたし,「文字等への関心」は育成してきたと言える。つまり,用語は異なっても,幼児期にふさわしい社会性が育ち,道徳性が育つような教育,自然に文字への関心が育つような教育を行ってきたのである。今回はそれを小学校教育との連続性の中でさらに強調している点が特徴と言えよう。

以上からわかるように,今回の幼稚園教育要領は小学校の学習指導要領との関係が非常に深い内容となっている。だからと言って幼稚園に小学校と同じような教育を行うことが求められているのではない。小学校との連続性を常に視野に入れながら,幼児期の発達特性を理解し,幼児期にふさわしい保育内容を提供し,活動を保障することが幼稚園教育の役割であり,望まれるあり方なのである。

(3) 保育所保育指針に示された小学校との連携

保育所保育指針の「小学校との連携において前提とすること」には,「遊びや生活の中で積み重ねられてきた子どものさまざまな側面の育ちが,小学校以降の生活や学びの基盤となります」という表現が見られる。そこでは,小学校での学習内容を先取りするのではなく,乳幼児期にふさわしい遊びや生活における直接的な体験を大切にして,そこから創造的な思考や主体的な生活態度の基礎が培われることが求められている。

これを受けて具体的な連携の方策として示されているのが以下の点である。

1つは小学校教育への見通しをもった保育課程の作成である。保育所保育指針の改定にともない，各保育所は保育の根幹となる「保育課程」を作成し，それに基づいた保育を行うことになった。この保育課程の作成にあたっては，保育所の保育が小学校以降の教育や生活につながることを踏まえて，発達の連続性に配慮して編成することが求められている。

　2つ目は，子どもに関する情報共有として，「子どもの育ちを支える資料」として，保育所は，すべての保育所入所児童について「保育所児童保育要録」を作成し，就学先である小学校や特別支援学校に送付することが義務づけられた。小学校や特別支援学校と子どもに関する情報を共有し，就学を保障していくために，この資料をどのように作成し，どのように子どもの姿を伝えていくかは連携においても非常に重要なことである。この点については後述したい。

3　「幼保小が連携する」とは

(1)　求められる連携のあり方—発達課題・目的を尊重した連携—

　幼保小が連携するにあたって最も重要なのが連携のあり方である。幼保小の連携と言うと，ともすれば「就学しても困らないように」「就学のために」といった小学校の視点からの発想が主流になりがちである。それによって，「席に座っていられること」「静かに話が聞けること」などがとりたてて強調され，幼稚園卒園・保育所修了時にそれができていることが当然のように小学校から幼稚園・保育所に要請・要求するような「連携」になりがちである。またそれを受けて幼稚園・保育所側が「積極的に」小学校教育の内容を「先取りして準備」するという状況にもなりかねない。つまり，小学校教育を基準に，幼稚園・保育所側がそれに「合わせる」ような連携になる危険性が十分にある。

　しかし本来の「連携」はそのようなものではない。乳幼児期，児童期には独自で，かつ，それぞれ重要な発達課題があるし，幼稚園，保育所，小学校にはそれぞれ固有な役割と対象となる子どもの発達に合った適切な指導の方法がある。それを軽視・無視して，幼稚園・保育所を小学校教育にスムーズになじむための予備校的な場所にしたり，幼稚園教育や保育所保育の内容を「小学校教育を簡単にしたもの」にするようなことはあってはならないことである。それゆえ幼稚園や保育所は，乳幼児期の発達とそこでの課題を十分に踏まえた保育や教育を徹底していく必要がある。それを小学校が尊重した上の連携でなければならないのである。

　逆に言えば，小学校には，幼稚園・保育所で子どもたちが経験して獲得した身体を使い，五感を使って学ぶ力を，入学後の学習や学校生活にどのように生かすかについての検討が求められる。それは，「授業をあそびにする」ということではもちろんない。そうではなくて幼

児期固有の発想・思考・行動を理解し，それから出発しながら，児童期らしい発想・思考・行動の仕方へと高めていくことができるような教育方法の工夫が求められているのである。幼稚園・保育所・小学校は，それぞれの独自性を最大限に尊重しながら，それをいかにつなげていくことが子どもの発達の連続性を大切にすることなのか，という検討をともに行っていくことが重要なのである。

(2) 保育内容の充実こそが連携の前提

次にあげたいのは，連携の前提となる幼稚園教育・保育所保育の充実こそが重要である，ということである。先にも述べたが，小学校との連携が重視されるからと言って，そのことで幼稚園教育・保育所保育が「小学校における学習内容の先取り」になるのは誤りである。幼保小が連携を進めるためには，何よりもそれぞれが固有の役割を十分果たすことが重要なのであって，幼稚園や保育所が，保育の本質や役割における独自性を失うべきではないのである。

つまり，連携が重要だからと言って「就学のための」教育・保育を行うのではなく，乳幼児期にふさわしい保育を徹底することが「就学につながる」，という点を大切にするべきである。そこでは改めて「乳幼児期にふさわしい教育・保育」とはどういうものかが問われる。つまり，乳幼児期の発達課題を踏まえ，この時期にこそ経験させたいことを保育内容として精選し，それを幼稚園なら2～3年間，保育所なら6年間の見通しの中で，一人ひとりにしっかり経験させる保育を行うことに他ならないのである。

幼稚園・保育所はこれまでどおり，遊びを大切にした保育を行いながら，その遊びを通して育てる力が小学校教育にどのようにつながっていくのかという見通しをもつことが重要なのである。幼稚園・保育所での教育・保育は，意欲・心情・態度を育てるということや目標に「～の基礎を培う」「～に対して興味をもつ」などの表現が用いられていることからもわかるように，発達の基礎を培うことがその目的である。そこで身近なものに関心や意欲をもつこと，自分から進んで活動に取り組むこと，「できた」「わかった」という喜びを実感することなどを，児童期の学びの不可欠な土台と位置づけて育成することが重要である。

幼稚園教育要領の改訂で「協同的な学び」も言われているが，「実際にやってみながら考える」「他者といっしょに取り組む」といった経験をこれまで以上に大切にし，自分で考え，他者とともに行動できる基礎をしっかり培うことが小学校就学前の教育・保育には望まれるのである。

(3) 組織全体での連携—年長児と1年生に限定せずに—

第三に述べたいのは，連携を5歳児（年長児）と小学校1年生に限定して考えないということである。

小学校との連携というと年長児である5歳児での保育や教育だけがクローズアップされがちである。確かに，5歳児になれば，保護者も就学が大きな関心事になり，期待や不安が大きくなる。それに応えて幼稚園・保育所もふさわしい体制をとっていかなければならない。そのため，就学に関わる行事が5歳児（年長児）を中心に行われるのも事実である。しかし，子どもたちが5歳児になったから，あるいは5歳児の保育や教育だから小学校との連携が大切なのではない。すべての幼稚園・保育所の子どもたちにとって，現在受けている教育・保育が発達の次の段階である小学校での教育にどのようにつながっていくのかは非常に重要なことである。そこで，就学を目の前に控えた5歳児の1年間をどう過ごすかという短いスパンで考えるのではなく，常に2～3年間や6年間という長い単位で，幼稚園・保育所生活のあり方と子どもの育ちを考え，それを小学校につなげていくための連携が重要なのである。

　幼稚園・保育所としては，乳幼児期の各年齢の発達特性を踏まえ，主体的に取り組んでみたくなる活動を提供し，必要な援助を行いながら，一人ひとりに必要な力を確実に獲得させていくことがいま求められているし，そこでつけた力が数年後小学校以降の生活や学習で発揮され，充実していくように，幼稚園教諭・保育士と小学校教諭，幼稚園・保育所と小学校が組織的・継続的に関わりをもつことが真の連携なのである。連携のために具体的には何が必要なのかは次に述べる。

4　連携に向けた具体的な方策

(1)　相互理解—互いの固有な文化を知ること—

　第一に必要なのは，相互に理解し合うことである。幼稚園教諭・保育士と小学校の教諭にとって相互に理解し合えるのは当然だと思われがちだが，幼稚園，保育所，小学校には，それぞれ固有の「文化」とでも呼ぶものが存在している。あるいは独特の見方や方法と言ってもいいであろう。それぞれの内部にいると当然過ぎて気づきにくいことだが，その積み重ねの中でそれが暗黙に「常識」になっていることが多い。同じくらいの年齢の子どもを保育している幼稚園と保育所でさえ文化や常識は異なる。

　保育士にとっては交替・時差勤務は当然のことで，子どもの保育を他の保育士に引き継いで退勤することは日常的なことであるが，幼稚園，小学校にはその感覚があまりなく，子どもたちがいる時間には，保育室や教室で保育や指導にあたっているのが普通である。それは当事者にとっては「当たり前」すぎて，特別なことであるという意識さえないことかもしれない。それゆえ，他者にとってもわかって当たり前だと思ってしまいがちで，伝えていく努力が十分でなかったことも事実である。

　しかし，この自分や自分が所属する組織にとっては「当然」と思われることを他の組織の

他者と伝え合い，理解し合っていくことが何よりも重要なことだと考える。

　保育所保育や幼稚園教育から見た小学校との「段差」としてあげられるのは，45分単位の活動（授業），集団行動，授業の形式・内容，教師の姿勢，校舎の雰囲気などであると言われる。また逆に，小学校教育から見た幼稚園教育・保育所保育における「不十分さ」としては，「小学校入学にあたってせめてこれだけは」ということが未達成であること，授業に集中できない，先生の話が聞けない，自分勝手に話をする，いすに座っていられない，立ち歩く，必要なものを持ってこない（忘れ物）などであると言われる。

　いずれも，一方の立場からすれば「異質」であり，逆から見れば「なぜそんなことが」という内容である。そこで，連携を図る際の第一歩は，相互理解を進めることであり，そのためにもそれぞれの差異＝文化を知り，その異質性が幼稚園・保育所から小学校への就学にあたっては，「思わぬ段差」になりうるということを共通理解することなのである。

(2) 情報交換・共有の重要性

　次に重要なこととして，情報を交換し，共有することをあげたい。これまでも幼稚園や保育所から小学校への「申し送り」は行われてきた。しかし，非常に配慮の必要な子どもを除き，多くの場合「特記事項なし」のような形で申し送られ，実質的な情報共有にまで至っていないのが現実である。個人情報の保護は重要であるが，乳幼児期の養護と教育の結果を小学校教育につなげ，一人ひとりのさらなる発達を保障していくためには，情報の交換と共有がさらに積極的に行われていかなければならない。

　保育所保育指針が改定され，保育所児童保育要録を通して幼児一人ひとりの状況を小学校や特別支援学校に申し送ることが必須となった。どのように作成し，申し送るかについては配慮や工夫が必要であるが，情報の交換と共有にとって非常に重要な第一歩であることは確かである。年長児の担任にとって，年度末の煩雑な時期に，幼児一人ひとりについて詳細な要録を作成するのは大変なことであることは十分理解できる。しかし，この要録による申し送りを消極的に実施するのではなく，子ども一人ひとりの姿と保育所保育の様子を小学校に十分に伝えるような積極的な実施につなげていくことが求められているのである。あわせて，この機に現代の幼稚園からの申し送りのあり方についても再検討し，子ども一人ひとりの姿や育ちを小学校に伝えやすいものにしていかなければならないのである。

　加えて，幼稚園・保育所と小学校が情報を交換し，共有するにあたっては，これまで以上に保護者との信頼関係を大切にしなければならない。幼稚園・保育所側からの情報の提供においては，保護者からすれば，「自分の子どもはどのように見られているのか？」「何を書かれるのか？」「書かれたことで小学校入学後，不利にならないか？」など不安が生まれるのは当然のことである。その保護者の不安をそのままにして進めるのは，連携にとって非常に大きなマイナスである。

そこでこれまで以上の信頼関係の確立が必要なのである。年度始めのクラス懇談のときから，小学校との連携にとって子どもの育ちを引き継ぐことがどれほど重要であるかについての共通理解をつくっていかなければならない。そのためには，子ども一人ひとりのがんばっている姿，伸びてきたところを保護者に伝えていくことがこれまで以上にていねいに行われなければならないであろう。それによって保護者は，担任保育者は自分の子どものこんな点も見てくれているということを知り，安心感や信頼感も生まれるし，また同時に，保護者がもっている就学への不安を聞き，ともに考えていくこともできるのである。

数年間の保育で築いてきた信頼関係が，小学校就学を前にして，疑問や不安によって揺らぐのは，幼稚園教育・保育所保育にとっても，またそれ以上に子ども自身にとって非常にマイナスである。小学校との情報共有の機会を保護者とのいっそうのよい関係づくりに生かし，保護者の思いを十分に理解し，反映した情報の共有にしていかなければならないのである。

(3) 「日常的な交流」の重要性

第三に，日常的な交流の機会をもち，その中での子ども同士，幼稚園教諭・保育士と小学校教諭の交流を，相互理解や情報の共有につなげるということである。現在でも，隣接する幼稚園・保育所・小学校を中心に，年長児が小学校見学に行った際に1年生が年長児のお世話をしたり，1年生が幼稚園や保育所を訪問し，年長児と交流したりといった，年に数回の交流が実施されることは多くなってきた。

普段は園・所の小さいプールで水遊びをしている幼稚園・保育所の幼児が，夏の間に数回，小学校の大きなプールを使わせてもらい，思い切り泳いだり，遊んだりという経験をつくり出しているところも多く見られる。そうした経験を通して年長児は，小学校に行くこと，小学生になることを楽しみに感じ，また学校教育に対するイメージももちやすくなるという利点がある。

こうした幼保小の交流は，翌年度に1年生になる年長児のみならず，1年生の発達にとっても重要な機会となる。1年生は，幼児と接することで自分の成長を実感できるからである。幼稚園・保育所では年長児としてたくさん期待され，憧れられてきたのに，小学校に入って急に「何もできないように」扱われることに対してとまどいを感じる子どもも多いが，年長児と接する機会は，それを軽減してくれるきっかけにもなる。幼稚園・保育所の子どもたちとの交流は，翌年度に小学校に入学する子どもにとってだけでなく，1年生にとって，自分という存在やその成長に自信をもち，自己肯定感を形成していくのに非常に重要な機会だと言える。

ただこうした交流は，どうしても年数回の非日常的・イベント的な性格になりがちである。それでも行われていないのに比べれば非常に重要であるが，今後はそれにとどまらず，こうした交流を出発点にしながら，連携に関する担当者をそれぞれが置き，担当者を中心に幼稚

園・保育所・小学校全体での日常的な交流を図っていくことが重要なのである。

5　就学に向けての取り組み

(1)　「育ちを支える資料」を通して，就学に向けての連携体制をとる

　教育・保育現場には，関係者が直接会って話をし，情報共有を図ることを重視する傾向が強く，文書での情報共有はどちらかと言えばあまり重視されないことが多い。しかし，気になる子ども，配慮の必要な子どもの就学保障にあたっては，文書での情報共有・連携は非常に重要な役割を果たしていると考えられる。2009年度の修了児から，各保育所では児童一人ひとりについての保育所児童保育要録を作成し，小学校に送付することが義務づけられたことは先に述べたが，幼稚園ではこれまでも要録を小学校に送付している。そこで，こうした資料を活用して，これまで以上に積極的に子どもの情報共有を図ることが必要である。

　就学先の小学校や特別支援学校の側が求めているのは，個々の子どもについて「何ができて何ができないか」「どのようなことを配慮すればいいか」を記した資料であろう。しかし，幼稚園・保育所側からすれば，それを文書で明記することで十分な配慮をしてもらえる可能性への期待と1年生の担任の先入観になってしまわないかという不安とがあると思われる。幼稚園教諭・保育所保育士からすれば，「大切に育ててきた子どもたちの姿が誤って伝わってしまわないか」「どのように活用されるのか」と考えるのは当然のことだからである。

　そこで幼稚園・保育所から送付される要録が「子どもの育ちを支える・つなげる」資料であることを共通理解とする必要がある。幼稚園・保育所側は，生活を通して子どもが育ってきた過程を踏まえ，子どものよさや全体像が伝わるように記述することを心がけて作成しているので，その点を考慮した読み方・理解の仕方が就学先の小学校・特別支援学校にも求められる。

　幼稚園・保育所の5歳児は，運動会や発表会などの行事はもとより，日常的な保育の中でも，クラス全体で力を合わせて取り組む活動が多く，その中で一人ひとりは他者と関わりながら，新しいことに挑戦し，他者を認め，自分を見つめ，発達していく。同じ活動に取り組んでいても，参加の仕方には個性が現れたり，果たす役割が違ったりと発達の姿は固有である。生活や遊びから見えてきた子どもの姿が一人ひとり固有の育ちとして記述されているので，受け取った小学校の担任教師はそこからその子の姿を読み取り，よりいっそう発揮させる点，配慮すべきことなどを具体的に理解し，指導に生かすことが重要なのである。

(2)　保護者との関係を大切にしながら就学へとつなぐ

　気になる子ども，配慮の必要な子どもの就学保障にあたっては，他の子ども以上に保護者

との信頼関係を大切にしなければならない。

　他の保護者とは違って，気になる子ども・配慮の必要な子どもの保護者は，就学してからのことを考える前に，就学先をどこに決めるかが大きな問題である。保護者がもっている就学への不安を聞き，ともに考えていく姿勢が求められる。子ども一人ひとりの固有性や小学校教育，特別支援学校教育のそれぞれの特性を踏まえて，必要に応じて他の機関にも相談し，助言等を受けながら，「どこに就学することがその子どもの発達にとって望ましいか」「就学にあたって必要なことは何か」について時間をかけて話し合っていかなければならない。

　気になる子ども，配慮の必要な子どもの保護者は，他の保護者以上に就学に対する不安が高く，「要録に何を書かれるのか」「書かれたことで小学校入学後，不利にならないか」など不安があるのは当然のことである。保護者の不安を受け止め，さらによりよい関係をつくりながらに就学に向けていっしょに取り組んでいくことが必要である。

　その中で，要録は小学校入学後の生活や学習に生かす目的で作成すること，部分ではなく子どもの全体像を書くこと，できていないことを書くのではなくがんばっている姿を書くことなどを伝えていくことも必要になる。それを保護者と話すことによって，保護者は担任保育者が自分の子どものこんな点も見てくれているということを知り，さらに安心感や信頼感も生まれるのである。

【参考文献】

・文部科学省（2010）『幼稚園教育要領』
・厚生労働省（2008）『保育所保育指針』
・杉山隆一・長瀬美子編著（2009）『保育指針の改定と保育実践　子どもの最善の利益を考える』明石書店

おわりに

　子どもがまだ幼い時期の保育や教育を考える場合，私たちは子どもの反応に敏感でなければならないと同時に，大らかに子どもたちを見つめ，見守り，保護者に語りかけなければなりません。すべての子どもに与えられるべき豊かな保育や教育が必要ですし，またその一方，ある子どものために「あの手この手」を考えることも必要です。本書にはこのような2つの面からの接近法が散りばめられています。

　私たちは思わず，「あの子，気になるね」とか「こんな子，初めて」と言ってしまうことがあります。このようなとき，その子どもの言動の原因をその子どものせいにしてしまっていることに後から気がつくのです。また，診断・判断がつきにくいから「グレーゾーン」と言うはずなのに，「グレーゾーン」という区分をし，「グレーゾーンの子」と断定しまうことがあります。気になったとき，その子どもに原因を求めなくても，私たちが工夫できること，やり方次第で成果が得られること，子育てにも理論があることが，本書を読めばおわかりになるでしょう。

　幼い子どもたちの気になる行動を早く発見し，早く診断名をつけ，早く治療プログラムをスタートしなければ，という考え方もありますが，これまでの保育や幼児教育で大事にされてきたことを振り返ったり，子育てを大人が大事に考え充実させていくことによって，目を見張るような変化が生まれます。気になる子どもがいたなら，

① その子どもをよく見つめ，よく見守ること
② 基本的な生活の習慣をゆっくり手づくりしていくこと
③ 子育てを大事に考え，大人も子どもと向き合う時間を楽しむこと
④ 何より人間関係づくりを重視し，子どもが保育士や教師と気持ちを共有し，さらに友だち関係をつくっていくようにすること

が，大切でしょう。すぐに心理治療や心理教育プログラムを実施しようという考えにとらわれず，また，小・中・高へと追い立てるようなことなく，子どもたちのライフステージのスタートの時期を楽しく笑顔の多いものにし，親たちの願いや悩みをよく聞き，子どもの遊びのバリエーションを増やし，体づくりをしながら，今を充実させていくことが基本的なアプローチです。

　本書の理論編・実践編・トピックスやコラムは，どこから読んでくださっても大きなヒントと実践的な示唆を与えてくれるでしょう。この分野に関心をもつ学生，保育士，教師，そして親たち，日々子どもたちを守っている大勢の人々に利用していただけるなら幸いです。学習会等で使っていただくことも歓迎いたします。

　本書ができあがるまで原稿を丁寧に点検し，各執筆者の主張をわかりやすく伝えるために努力を惜しまれなかった黎明書房編集部の都築康予さんに感謝申し上げます。

編者を代表して
広瀬信雄

〈編者〉

小川英彦	愛知教育大学	（代表編者）
広瀬信雄	山梨大学	（副代表編者）
新井英靖	茨城大学	
高橋浩平	東京都杉並区立桃井第一小学校	
湯浅恭正	大阪市立大学	
吉田茂孝	高松大学	

〈執筆者〉

小川英彦	愛知教育大学	はじめに，第1章
山本理絵	愛知県立大学	第2章
平岩ふみよ	愛知県岡崎市竹の子幼稚園	第3章
寺門宏美	茨城県立北茨城養護学校	第4章
宮井清香	東京学芸大学附属特別支援学校	第5章
鈴木弘恵	香川県立香川中部養護学校幼稚部	第6章
坂田花子	和歌山大学附属特別支援学校	第7章
高尾淳子	愛知江南短期大学	第8章
長瀬美子	大阪大谷大学	第9章
広瀬信雄	山梨大学	おわりに
新井英靖	茨城大学	コラム

〈中扉イラスト提供者〉

辻　圭汰　（愛知県岡崎市竹の子幼稚園）

※所属は刊行時のものです。

本文イラスト・岡崎園子

気になる幼児の保育と遊び・生活づくり

2011年4月15日　初版発行

編　者　小川英彦他
発行者　武馬久仁裕
印　刷　株式会社　太洋社
製　本　株式会社　太洋社

発　行　所　株式会社　黎明書房

〒460-0002　名古屋市中区丸の内3-6-27 EBSビル
☎052-962-3045　FAX052-951-9065　振替・00880-1-59001
〒101-0051　東京連絡所・千代田区神田神保町1-32-2
南部ビル302号　☎03-3268-3470

落丁本・乱丁本はお取替します。　ISBN978-4-654-01671-6

© H. Ogawa, N. Hirose, H. Arai, K. Takahashi, T. Yuasa & S. Yoshida 2011, Printed in Japan

障害児をはぐくむ楽しい保育
―子どもの理解と音楽あそび

B5／96頁　2200円

伊藤嘉子・小川英彦著　障害児保育の目的やカリキュラム等を解説。手話表現を交えながら歌に合わせて行う「表現あそび」他，指導に役立つ音楽あそびを多数紹介。

発達が気になる子どもの保育

B5／104頁　1900円

芸術教育研究所監修　両角美映著／保育のプロはじめの一歩③　「困った子」と思われてしまう子を保育者はどのように支援したらよいのか。実際の園生活の場面を踏まえ具体的に紹介。

先輩が教える保育のヒント
発達が気になる子へのかかわり方＆基礎知識

A5／93頁　1800円

グループこんぺいと編著／CD付：発達が気になる子も一緒にすぐできるあそび歌　発達が気になる子が安心して過ごせる環境のつくり方，日常保育，行事でのかかわり方のノウハウ。

自閉症スペクトラムの子どものソーシャルスキルを育てるゲームと遊び
―先生と保護者のためのガイドブック

B5／104頁　2200円

レイチェル・バレケット著　上田勢子訳　家庭，幼稚園，保育園，小学校で行える，人と上手に付き合っていくためのスキルを楽しく身につけるゲームや遊びを紹介。

高機能自閉症・アスペルガー障害・ADHD・LDの子のSSTの進め方
―特別支援教育のためのソーシャルスキルトレーニング（SST）

B5／151頁　2600円

田中和代・岩佐亜紀著　生活や学習に不適応を見せ，問題行動をとる子どもに社会性を育てる，ゲームや絵カードを使ったSSTの実際を詳しく紹介。ルールやマナーを学ぶSST／他

肢体不自由のある子の楽しいイキイキたいそう（CD付）

B5／92頁　2400円

金子直由・溝口洋子・北村京子著　園や学校，家庭で，楽しみながら無理なく体を動かせる32の歌をCDと楽譜で紹介。体の動かし方や援助の仕方も解説。動作の内容等の一覧表付き。

車椅子やベッドの上でも楽しめる子どものためのふれあい遊び50

B5／92頁　1800円

青木智恵子著　病気やケガ，障害等で思うように動き回れない子どもや車椅子の子どもが楽しめる，マッサージやリハビリ効果のあるふれあい遊び50種を紹介。

自閉症児のコミュニケーション形成と授業づくり・学級づくり

B5／107頁　2200円

新井英靖他編　自閉症児の人間関係づくりや社会性，コミュニケーション能力をのばす授業実践を詳述。通常学級に通う自閉症児の支援の仕方，こだわり・パニックの対応方法も紹介。

発達障害児のキャリア形成と授業づくり・学級づくり

B5／101頁　2200円

湯浅恭正他編　キャリア形成に必要な「人間関係形成力」「意思決定能力」等を発達障害児が身につけるための授業づくり・学級づくりの理論と実践。就労先との連携や卒業後の支援等。

表示価格は本体価格です。別途消費税がかかります。